簡単！時短！

理科授業の効率アップ術

観察・実験を楽々こなす方法

Hiroshi Kusuki
楠木宏

東洋館出版社

はじめに

最近、新聞やネットニュースでも、教師の多忙な勤務生活が報道されるようになり、「ブラック部活動」等の言葉も世間に広がってきました。一番肝心な授業の準備をきちんとする時間すらないのが現実です。その要因は、広がる学習格差への対応、放課後の生活指導や会議、学校に持ち込まれる保護者や地域からの苦情等、要因を挙げだしたらきりがありません。教師の多忙に対する社会の関心が高まってきたので、文科省は「給食費の徴収を地方自治体が行う」との通達を出しました。今後、このような教師の負担軽減につながる通達がもっとたくさん出るとうれしく思います。

私は、約40年間学校現場にいましたが、考えてみれば本来労働基準法で定められているはずの45分の休憩時間をきちんと取った覚えがありません。学級担任をしていた時は、給食もできるだけ早く済ませて、休憩時間終了までノートの点検やプリントの丸付けをしていました。その後は、清掃指導、授業、補充学習、放課後の会議で1日が終わってしまいます。そして、勤務時間が過ぎても遅くまで残務整理をしていたものです。

管理職になっても、生活は変わりませんでした。朝早くに登校して鍵開け、書類に追われる毎日、休憩時間も関係なく鳴り続ける電話対応。唯一の楽しみは、担任の先生が用事や出張でいない時の学級指導でした。担任の代わりに授業をさせてもらうのです。

中学校では、さらにクラブ活動があります。毎日の放課後に加え、土日の指導。休日なんて関係ありません。私の教師仲間に、「君は授業ではなく、部活で給料をもらっているのか」と同僚から揶揄されるほど部活熱心な人がいます。しかし、本人も決して望んで部活をやっているわけではないのです。

平成29年3月に学習指導要領が告示されましたが、残念ながら教師の多忙についての配慮はなされていないようです。小学校では、道徳の教科化、英語が3年から履修になるなどの教科増に加え、アクティブ・ラーニングやクロスカリキュラムなどの考え方も取り入れなくてはなりません。その結果、授業内容や授業時間はますます増えることになるでしょう。

しかし、一方では仕方ないとも言えます。なぜなら学習指導要領は、改訂されるとすぐに10年後の改訂に着手することになるからです。つまり、今回の学習指導要領の改訂に取りかかった時点では、教師の多忙が今ほど議論になっていなかったのです。次の改訂では、多忙の解消に向けた措置を期待するとしても、あと何年かは多忙が続くというのは残念なことです。そうすると、いかに効率よく授業を進めるか、いかに手早く仕事を済ますか、というのが重要になります。

小学校の教師は、基本的には全教科教えなければなりませんが、理科はその中でも人気がありません。「実験の準備が大変」とか「思い通りの実験結果が出ない」など、すこぶる評判が悪いです。また、教員は免許を、いわゆる文系の学部で取得することが多いと言えます。そのせいか、理科というとすぐに「理系」→「苦手」という思考回路になってしまう方も多いように見受けられます。

私の友人が担任したクラスのことです。全学年1クラスずつしかない小さな学校です。友人としては、普通に理科の授業を進めていたのですが、子どもたちから「理科が楽しい」と、大変評判がよいのです。その理由を聞くと「今度の先生は実験をしてくれるから」と言うではありませんか。友人は「当たり前じゃないか」と思い、わけが分かりません。子どもたちに詳しく聞いてみました。すると、前年度の担任は、次のように理科の授業を進めていたのです。

①　理科の教科書を読む

②　大切なところに赤い線を引き、それをノートに写す

③　教科書にある観察・実験の図をノートに写す

④　先生の板書した「単元のまとめ」をノートに写して終わり

すなわち、観察・実験は、ほとんどしていなかったのです。なるほど、これなら効率よく授業が進められるし、保護者がノートを見た時にも、きちんと授業をしているように感じられます。テストの点も悪くないはずです。しかし、理科の本当に身に付けなければならない力は、ほとんど身に付かないでしょう。なにより、理科の授業が楽しくありません。

本書では、教科書の内容をきちんと教えながらも、観察・実験を手際よく行う方法を紹介します。また、「実験中に言うことを聞かずに、勝手なことをする子どもにはどうしたらよいか」など、陥りがちな困った状況への対処法もお教えしましょう。これまでにあまり紹介されてこなかった方法かもしれません。「面倒くさい」「難しい」「怖い」と思われがちな理科を、少しでも**楽に**、また**楽しく**効率的に行う秘訣を伝授します。

もくじ

Chapter 2 実験指導の効率アップ術

Chapter 3 失敗しないためのワンポイントアイデア

Contents

理科は難しいって本当？

1　理科はなぜ不人気？

周囲の先生方に、理科の苦手な点を聞いてみました。

「実験器具の準備に時間がかかる」「滅多に入らない理科室では、実験器具がどこにあるかも分からない」「薬品庫に入っているものを使うのが何だか怖い」「気体検知管を折るのもドキドキする」「電気の実験は感電しそうで怖い」「教科書通りの結果が出ずにやり直したことは何度かある」「事前準備が多すぎ！」

と次々に出てきました。私が「でも、授業としての理科は、国語よりずっと簡単ですよ」と言っても、皆さん半信半疑です。「楠木先生は理科が得意だからいいけど」と言われるのがオチです。

2　これさえ守れば、理科は簡単！

では、ちょっと想像してみてください。例えば、4年国語「ごんぎつね」の授業です。「ごんは、自分のつぐないの気持ちを兵十に気付いてほしいのか、そうではないのか」という定番の問題を教師が出しました。教師は「ごんは、兵十に気付いてほしい」と考えていたとします。授業途中まで、教師の予想通りの意見が出て、うまく授業が進みました。さあ、これでまとめに入って終わろうかと思っていたところで、ちょっと国語が得意な子どもが、「先生、僕は、ごんは兵十に気付いてもらわなくてもいいと思っていると考えます」と発表しました。普段できる子どもの発言だけに、ほとんどの子どもたちがそちらの意見に流れてしまい、教師は焦ります。こんな経験はありませんか。

しかし、理科では子どもの意見に流されることはありません。実験の結果としてAとB、2つの予想があるとします。子どもたちの予想が全員Bであっても、実験結果がAであれば、「はい、結果はAです」と言い切ってよいのです。自然の摂理、真理が答えです。ただし、それには実験の結果がきちんと出なければなりません。

観察・実験を正しく、かつ効率的に進めるコツをつかめば、理科は難しくないのです。

Chapter

1

観察指導の効率アップ術

1 植物教材は時期に注意!

2 観察で着目するのは色・形・大きさ

3 変化のあった時だけ観察

4 野外観察では安全第一!

5 観察を予定していた日に雨が降ったら

1

植物教材は時期に注意！

教科書は、北海道から九州、沖縄まで、日本全国で使用されます。日本列島は南北に長いので、季節の違いが大きく影響します。したがって、教科書通りの単元構成では、うまく栽培できない場合が多々あります。私の住んでいる三重県は比較的暖かいので、農家の方はジャガイモを2月の末から3月に植え付け、6月には取り入れます。しかし、学級担任が決まるのは4月。ジャガイモが必要になると、慌てて種苗店に行くのですが、もはや種芋は売り切れ間近、わずかな残り物を入手できたらよい方です。同じ学年の先生方が一斉に

探し求めるので、うっかりしていると、どこのお店をまわっても品切れということになりかねません。そうなれば、種芋を探し回って余計な時間や手間をかけることになってしまいます。

4月に担当学年が決まったら、すぐに植物教材を確認しましょう。教師用指導書などには、植え付けに最適な時期や観察に適した時期、または単元の入れ替え表が記載されています。それを踏まえた上で、地域による違いを考慮する必要があります。4月の早い段階で確認しておくと、後で「しまった」と後悔することはなくなるでしょう。

2 観察で着目するのは色・形・大きさ

(1) 観察のポイントをきちんと示す

観察する時、教師は子どもに「よく見て観察するのよ」「よく見なさい」と言います。もし、「先生、よく見るのは分かったけれど、どこを見ればいいのですか?」と聞かれたら、何と答えますか。「えっ！」とか「それは花に決まっているでしょ…」などと、答えに困ってしまいませんか。

4月に観察のポイントをきちんと示しておきましょう。後々、観察するたびに「◯◯が足りません」とか「大切なことが書かれていません」などと繰り返し注意するような事態は避けられます。観察の視点を与えておけば、4月の1回目や2回目はさすがに時間がかかったとしても、その後は子どもたちがきちんと観察記録を書くようになるので、確認作業がスムーズになります。

では、例を挙げてみましょう。

4月の4年生の教室です。種をまいたヘチマの子葉が出てきました。今日は、その観察をします。

「今からヘチマの子葉を観察して、観察カードに絵と文を書きましょう」

子どもたちにそう伝えると、黒板に「色、形、大きさ」と書きます。

「観察カードの文には、色、形、大きさの3つは必ず書くようにしましょう」

まだよく分かっていない様子の子もいます。さらに詳しく説明していきましょう。

「1つ目は色です。さあ、ちょっと想像しましょう。出てきたヘチマの子葉を想像すると、何色が頭に浮かびますか?」

「緑」

「黄緑」

「もうありませんか?」

「う～ん、土の茶色かな」

「観察記録には、必ず見つけた色を書きましょう」

こう言っておくと、「葉っぱの産毛が白かった」などと、他の色を見つける子も現れます。

「2つ目は形です。形を表す言葉にはどんなものがあるか知っていますか?」

「丸」

「三角」

「四角」

と次々に答えます。

ここで、あらかじめカラーケント紙で作っておいた紙を見せます。紙で作るのが面倒なら、黒板に書いてもよいと思います。

「そうだね、丸い葉というと、こんな感じかな。これはマルバハギという植物の葉です。実物よりもかなり大きく作ってあります。三角の葉はこんな感じ。イシミカワという植物の葉です。これも、実物とは大きさが違います」

最後に、

「四角い葉というと、こんな感じかな」

とへんてこな形を見せると、子どもたちは笑います。まるで豆腐に柄を付けたような四角い葉は、もちろん私の創作です。

「えー！　そんな葉があるの？」

「こんな葉はないよね。形を表す言葉は、丸、三角、四角だけではありません。例えば、このような形は何と言いますか？」

と言って、細長く先の尖った形を見せます。子どもたちからはすぐに

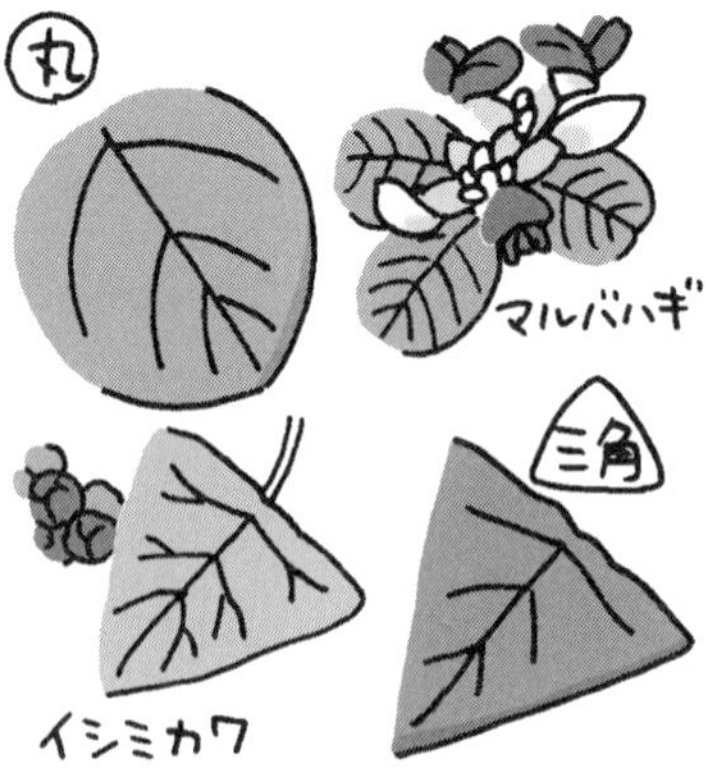

「細長い」

という言葉が出ます。

「では、この葉の先の部分はどんな形をしていますか？」

と指差します。

「尖っている」

「ちょんちょんっていう感じ」

などの言葉が出てきます。

さらに、ピンキングはさみで縁を切ったものを見せます。

「では、こういう部分はどう言いますか？」

「ギザギザ」

「そうだね。丸、三角、四角の他にも、細長い、尖っている、ギザギザなども形を表す言葉です。観察カードには、このような言葉を必ず書き入れましょう」

「3つ目は大きさです」

と言うと、すかさず子どもたちが
「先生、定規を持っていっていいですか」

と聞いてきます。

「はい、それはとても大切なことですね。では、もしも定規を忘れたらどうしたらよいでしょうか?」

すると、子どもたちは次のように答えます。

「人から借りる」

「大体の大きさで書く」

「そうですね。いつも定規を持っているとは限りません。そんな時は、だいたい○○cmと書くか、体を使って測ります」

「体?」

困惑気味の子どもたちに、こう説明します。

「もし、ヘチマの子葉の高さがちょうど人差し指と同じだったら、『人差し指と同じ高さ』と書けばよいのです。成長して膝の高さまでくれば、『膝の高さと同じ』。定規がなかったら、体の一部を使って測ることができますよ」

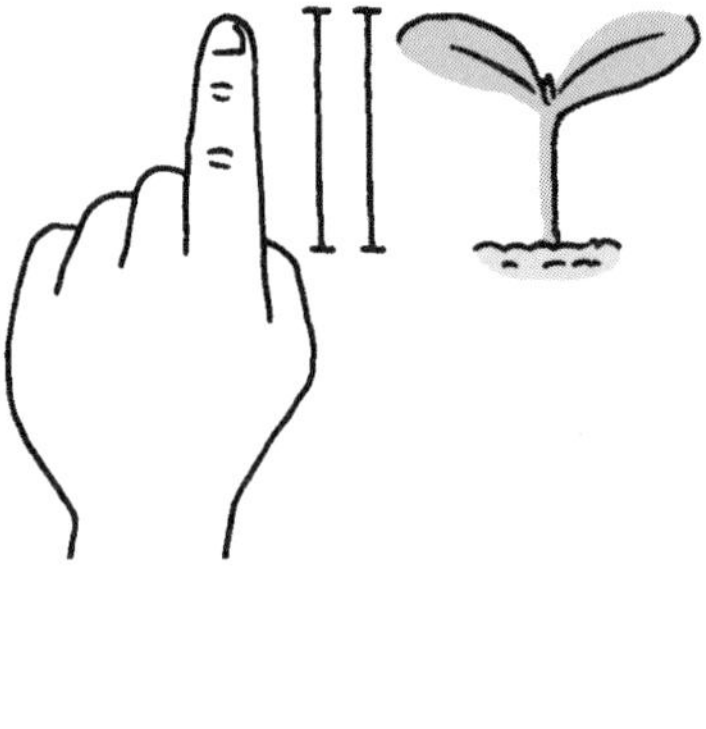

現在使われている単位にも、元々は人間の体に基づいてつくられた身体尺が数多くあります。

このように観察のポイントがきちんと伝わってから、ようやく実際の観察に出かけます。そして、観察カードの絵と文を書き上げた子どもたちが戻ってきます。この時が肝心なのです。教師は書き上げた子どもたちの観察カードを見ながら、大きな声で言います。

「どれどれ、色が書いてあるかな、ＯＫ。形はＯＫ。大きさはＯＫ。よし、合格！」

子どもたちの文を見て、色、形、大きさの書いてある部分にチェックを入れていきます。

当然、中には

「色はＯＫ。形はＯＫ。あれ？　大きさが書いてないぞ」

と言わなければならない子どももいます。大きな声で言うのには理由があります。

1つ目は、教師が確認するため。2つ目は、まだ書き上げていない子どもたちに「色、形、大きさの3つを書いていますか。書き落としはないですか」というメッセージを伝えるためです。

2回目の観察からは、色、形、大きさの他に「変化」を加えることもありますが、それは、観察する対象や子どもたちの状態に応じて、加えたり加えなかったり、教師が判断します。

(2) 観察カードに感想は書かない

また、理科の観察カードには、自分の感情は入れません。昨今、生活科の影響か、観察カードを見ると、「早く大きくなってほしい」とか「とてもきれいでした」など、感想が書かれていることが多くあります。

ある研究大会でこのことを発表したら、中学校の先生が

「なるほど、このせいか」

とうなずいていました。詳しく聞いてみると、

「最近は、中学生の観察記録にも『とてもきれいだった』などの感想が書いてあるので、不思議に思っていたのです。昔はこのようなことを書く生徒はいなかったのに」

と教えてくださいました。

小学校3年生を担任すると、特にこの表現を多く見つけます。やはり生活科の影響ではないかと思います。最近は、3年の教科書に「観察カードの書き方」が説明されているこ

ともありますが、残念ながら高学年でもまだ書いている子どもがいます。3年生の段階で、教師が意識して訂正していく必要があるでしょう。とは言え、「この文はいりません」といきなり訂正の赤ペンを入れるのもかわいそうです。2回目の観察を始める前に、

「理科の観察では、『早く大きくなってね』のような感想は必要ありません。次は書かなくていいですよ」

と子どもたち全員に伝えます。

高学年や中学生になっても、感想を書いてしまう子どもたちは、長年の習慣のせいでなかなか直せなくなっている可能性もあります。なるべく早い段階で正しい観察記録を書けるように指導していきましょう。

3 変化のあった時だけ観察

3年や4年は、観察の視点や手順を教えるのにちょうどよい時期です。本来ならば、1

週間おきくらいに観察させると理想的でしょう。私も昔は観察カードをたくさん印刷し、毎週観察させていましたが、教師が非常に忙しい昨今の状況では、なかなか難しいと思います。そこで、思い切って「変化のあった時だけ」観察させることにしています。そうすると、次のような利点があります。

1. 子どもたちにも変化を見つけやすい。
2. 変化を見つけられると、観察が楽しくなる。
3. 適度な間隔を空けるので、観察に飽きない。

例えば、ヘチマだとこうなります。

子葉が出た↓本葉が出た↓つるが出てきた↓花が咲いた↓実ができた
ただし、あまりに間隔が空いた時には、観察の視点を忘れている可能性があります。そんな時は、

「観察カードに書くことが3つありましたね。言えますか？」

と確認しなければなりません。

4 野外観察では安全第一！

実験も同様ですが、子どもたちにいくら貴重な体験をさせたいと思っても、けががあったり、事故があったりしては何の意味もありません。それならば、野外観察をしない方がよいくらいです。「よかれと思って」は通用しないと思ってください。

野外観察に出かける時には、以下の点に注意しましょう。

1．アレルギーをもつ子どもがいないか

現在の子どもたちは色々なアレルギーをもっています。虫や植物にアレルギーをもつ子どもがいないか、必ず確認しましょう。アレルギーをもつ子どもがいた場合は、近くまで行っても草むらには入らせないようにするなど、対処方法を考えます。

2．観察に適した服装か

観察の際の服装は、長袖、長ズボンが基本です。擦り傷や切り傷、危険な植物や虫から身を守るため、露出の少ない服装をしてくるよう、前もって子どもたちに指導しておきましょう。

3．指示に従えない子どもがいないか

注意をしても聞かない子どもがいる場合は、途中で引き返すくらいの強い意志を教師がもっていなければなりません。野外観察では、誰か一人の勝手な行動が、思わぬ危険を引き起こす可能性があります。もちろん子どもたちにも、注意を聞かない子がいれば途中で引き返す可能性があることを前もってきちんと告げておきます。

また、観察が終わったら、子どもたち同士で服を軽く払うようにしましょう。虫が付いていた場合は、その場で落とします。最近、ダニの被害が明らかになってきました。重傷になるのは体力のない高齢者が多いようですが、子どもたちも発熱することがあります。十分に気を付けましょう。

後でトラブル対応に追われることのないよう、事前に安全を十分に確認しておくことが

何よりも大切です。

5 観察を予定していた日に雨が降ったら

天気予報で、観察日に雨が降ることが分かっている場合は、避けることが一番です。しかし、どうしてもその日に済ませなければならない、専科で入っているので時間割を変更できないなどの理由もあると思います。そんな場合は、次のような方法があります。

1. 鉢植えであれば、鉢ごと教室に運び込む。
2. 事前に写真を撮り、プロジェクターで拡大するか、プリントアウトして配り、模写させる。

写真を模写させるのは、手抜きの方法のように思う

かもしれませんが、効果があります。実物は、描きやすい方向から見えなかったり、風で揺れたりして、意外と描きにくいものです。それに比べ、写真は写しやすく、描かなければならない情報がはっきりと見えます。それによって、「葉の縁の形を見てみましょう」「がくはどこに付いていますか?」など、観察の視点を与えることができます。この学習を次の観察に生かすことができるのです。もちろん、いつもいつも模写では困りますが。

若い時に、図工の堪能な先生に「図工の絵と理科の絵は違う」と教えていただいたことがあります。「図工の絵は、見た対象を一度心の中にしまう。その心の中にあるものを表出する作業。だから、多少の誇張はあるかもしれない。しかし、理科の絵は違う。対象そのものをその通りに描かなくてはならない。寸分違わず、誇張があってはいけない」ということなのです。そう考えると、写真を模写することも、子どもたちにとっては大切な学習になるのではないでしょうか。

もし観察を予定していた日に雨が降ったら、模写を通して、観察の視点を学ぶ機会にすればよいのです。たとえ予定通りの授業ができなかったとしても、時間を有効に使う方法を考えましょう。

Chapter 2

実験指導の効率アップ術

1 実験の準備・片付けは子どもの仕事

(1) 実験の準備にかかる手間

私は、理科の教科書を見ていると不思議に思うことが多々あります。例えば、ある教科書には「デジカメで写真を撮って、観察記録に生かしましょう」と書いてあります。しかし、ちょっと待ってください。デジカメで写真を撮るのは小学生でも簡単にできますが、その写真を、パソコンを使ってメディアから取り出し、印刷して観察カードに貼り付ける技術を誰がいつ教えるのでしょうか。理科でも、他の教科でも、そのような技術を身に付けるための単元は設定されていません。百歩譲って、子どもが撮った写真を教師が印刷して、子どもが観察記録に貼り付けるのなら可能でしょう。しかしながら、全員が撮った写真を印刷するような時間が、多忙な教師にあるでしょうか。

また、次のようなこともあります。

ほとんどの教科書には、子どもたちが実験する様子の写真が載っています。理科室でしょうか、子どもたちが楽しそうに実験しています。机上には、きちんと並べられた実験道具、試験管の一つ一つには薬品名が記載されたシールが貼られています。教科書に載せる写真だから仕方ないとしても、現実的に考えると、このような準備をすることは大変難しいことです。まず、この実験準備の手順を考えてみましょう。

①薬品を原液から薄める
②実験用具をそのクラスの班（または理科室の机）の数だけ用意する
③薬品名のラベルを薬品数×班の数だけ用意して、試験管に貼り付ける
④実験装置を用意して、机の上に配置する

以上のように書き出してみると、現実的でないことが分かるでしょう。まず、準備に時間がかかります。授業前の休み時間に、準備できるような量ではありません。また、前日に用意したくても、放課後に会議が入っていたら無理でしょう。たとえ時間を空けておいたとしても、クラスに何か問題でも発生したら、たちまち時間はなくなります。そもそも、その授業の前の時間に他の学年が器具を使用する場合は、前もって確保しておくことができないのです。

(2) 準備・片付けはなるべく授業時間内に済ませる

私は、**薬品を薄めることを除いて、授業時間内にできるだけ子どもたち自身に準備・片付けをさせるようにしています。**

授業の導入で実験の説明をした後、子どもたちが実験器具を取りに行きます。先に実験器具を用意させると、つい触ってしまったり、話を聞いていなかったりする子どもが出てくるので、先に説明をしましょう。もし説明をするのに器具が必要なら、教師の机の上に器具を置いて説明します。

一斉に動くと、狭い理科準備室が混雑してしまうので、器具別に取りに行くよう順番に指示します。もし理科室に余裕があるなら、同じものを2か所に分けておくと混雑を避けられますが、この場合は備品管理がちょっと面倒くさいのが難点です

「1番の人、500mLのビーカーを持ってきましょう」

「2番の人、スタンドを持ってきましょう」

という具合に指示します。あらかじめ班の中で、一人一人の番号を決めておくのです。誰がどの実験器具を取りに行くかを子どもたちに任せると、力のある子どもが好きなものを取ってしまい、もめごとを増やすだけです。

しかし、子どもたちの様子を見ていて、任せても大丈夫だと判断した時は、子どもたちに必要な実験器具と数を示して、誰が何を用意するかは班で相談させます。

実験が終わったら、片付けの時間です。ミニコンロやスタンドのように洗わなくてよいものは、汚れがあれば取り除き、なければそのまましまいます。ビーカーや試験管などのガラス器具はもちろん洗ってからしまうのですが、よい方法があります。

ガラス器具は、洗った後に乾燥させる必要がありますが、それだと放課後にまた理科室に来なければなりません。乾燥させておいたガラス器具を棚にしまうためです。忙しいと理科室に来るのをうっかり忘れてしまい、他のクラスから苦情をもらうなんてことにもなりかねません。

そんな一手間を省く工夫として、ガラス器具の保管に、台所で使うような洗い物かごを利用するのです。

私は、理科室の管理を任されることが多いのですが、

転勤して学校が変わるたびに、洗い物かごをいくつか購入してもらいます。そして、それぞれのかごに「500mLビーカー」とか「300mLビーカー」などと書いたシールを貼っておきます。**実験が終わると、濡れたままのビーカーを逆さにして入れておき、そのかごのまま棚にしまいます。**こうすると、ビーカーに付いている水滴はわずかなので、そのままでも乾いてしまいます。作業が一度で済むのです。

(3) 持ってきた人が、必ず片付ける

また、子どもたちに実験器具の準備・片付けをさせる時にはルールがあります。それは**「持ってきた人が、必ず片付ける」**ということです。準備と片付けをそれぞれ別の子どもがする場合、「どこにあったか」「どのような置き方をしてあったか」が分かりません。そのため、適当なところに置いたり、片付け忘れて机の上に置きっぱなしにしたりするのです。教師が、「まだ机の上に器具が残っている班があります。だれですか?」とか「理科準備室の中が散らかっていますよ」などといちいち注意しなければなりません。

「持ってくる人と片付ける人は同じ」これだけでトラブルを回避できるのです。

それに、クラスの中で力のある子どもは、早く自分の好きな器具を触りたいがために率

先して持ってくる一方で、面倒なので、片付けは他の子どもに命令するということも考えられます。そのようなことを防ぐためにも、「持ってきた人が、必ず片付ける」というルールを徹底しているのです。

(4) 実験器具の場所を覚える理科室クイズラリー

子どもたちが実験の準備をする場合、器具が理科室のどこにあるか、大体の場所を覚えていなくてはなりません。そこで、理科室クイズラリーというゲームを通して、器具の場所を楽しく覚えられるようにしています。

まず、子どもたちにクイズラリーの用紙（別紙1）を配ります。この用紙を手に、子どもたちは理科室、準備室の中でクイズの答えを探し回ります。問いAには、「物の温かさや冷たさをはかる器具は何？」と書いてあります。「温度計だ！」と分かった子どもは、「器具の名前」の欄に「温度計」と書き、理科室のど

理科室クイズラリー

年　組　名前

	問題	器具の名前	クイズ・やってみよう	番号
A	物の温かさや冷たさをはかる器具は何？		今の気温をはかりましょう。 (　　　　)℃	
B	つつをのぞくと、ばいきんなどの小さな生き物も大きく見える器具は何？		物を大きく見せるガラスの名前は何？ (　　　　)	
C	夜、星がどこにあるかわかる器具は何？		動かない星の名前は何？ (　　　　)	
D	コップのような形のガラス器具は何？		大きさは何種類あるでしょうか？ (　　　　)	
E	水や金魚も入れられる大きな容器は何？		とうめいな板は、何でできていますか？ (　　　　)	
F	みんなの体の中にあり、ないぞうをまもっているものの標本は何？		あくしゅしましょう。できたら○をかく。	
G	鉄の棒でできていて、いろいろな物をぶらさげたり、はさんだりできるものは何？		つまみの色は何色？ (　　　　)	
H	底のある細長いつつのような形のガラス器具は何？		のぞいてみると、むこうは見えますか？ (　　　　)	
I	ガスを使って、物を温める器具は何？		火を調整するために付いている黒い物の名前は何？ (　　　　)	
J	Hのつつの下に、ボールを付けたような形のガラス器具は何？		下の丸いところは、あなたの頭より大きいですか？ (　　　　)	

こにあるのか探します。棚に保管されている温度計を見つけると、その場所には数字が書いてある紙が置いてあります。その番号は「4」です。今度は、用紙の番号の欄に「4」と記入します。さらに、「やってみよう」の欄には「今の気温をはかりましょう」とあります。温度を書き込んで、問いAは終了です。このような手順で、理科室にある扉を開けたり、ガラス戸を覗いたりしながら、子どもたちは次々に器具を探していきます。全員が一斉にAから始めると混雑するので、AからJのどこから始めてもよいと伝えましょう。番号の代わりにスタンプを用意すれば、スタンプラリーにもなります。

(5) さらに時短を目指すひと工夫

実験器具にひと工夫をすると、さらに時短になります。

例えば、6年の金属を溶かす実験では、以下の器具が必要です。

試験管立て、試験管4本、塩酸を入れたビーカー、水酸化ナトリウムを入れたビーカー、アルミニウム箔、スチールウール。

そして、教師にとって面倒なのが、それぞれのビーカーや試験管に、「塩酸」「水酸化ナトリウム」「塩酸・アルミ」「塩酸・鉄」「水酸化ナトリウム・アルミ」「水酸化ナトリウム・鉄」とラベルを貼る作業です。先ほど述べたように、教科書には、各器具にきれいにシールが貼られた写真が掲載されています。しかし、それをすべて準備するとしたら、大変な手間がかかります。少しでも楽にする方法をお教えしましょう。

まず、ビーカー。教科書では、塩酸と水酸化ナトリウムをそれぞれ同じ大きさの容器に入れています。それらを区別するためには、「塩酸」「水酸化ナトリウム」と書いたラベルを事前に貼っておく必要があります。これだと、教師が事前に用意しなければなりません。私は、**あえて大きさの違う容器にそれぞれを入れるようにします。**２００ｍＬのビーカーに塩酸、３００ｍＬのビーカーに水酸化ナトリウムという具合です。そして、黒板の端に、大きさの違うビーカーの絵を描き、その下にそれぞれ２００ｍＬ、３００ｍＬと描きます。ビーカーの絵の中に「塩酸」「水酸化ナトリウム」と書いておくと、小さい２００ｍＬビーカーには塩酸、大きい３００ｍＬビーカーには水酸化ナトリウムが入っていることが分かるので、子どもたちも

間違えません。そして、ラベルづくりも子どもたち自身がします。**班に1つずつ付箋の束を配付し、子どもたちが書いて器具に貼ります。**見栄えは確かにシールの方がよいのですが、シールは後で剥がしにくいという欠点があります。付箋だと片付けも楽です。

また、実験器具は、班（理科室の机）の数＋1セット用意しておきます。授業中は何が起きるか分かりません。ガスコンロの火が急につかなくなった、ガラス器具の底にひびが入っていた、フラスコを机から落として割ってしまった等々。実験ができなくなってしまった班は解体され、子どもたちは他の班に入れてもらうことになります。その対応に時間を取られるのはもったいないことです。そんな時に、すぐ「はい」と渡せるように、**実験器具の予備を1セット用意しておきましょう。**しかし、そのためには、理科室に常に器具が多めに揃っている必要があります。残念ながら、私が勤めてきた多くの学校は、理科室の机の数と同じ数しか実験器具を購入していませんでした。だいたい6個か8個です。私が理科担当の時は、できるだけ予備の1個を購入するように管理職にお願いし、予算的に無理な場合は古いものをとっておきました。

こうしておくと、たとえその器具を長い時間修理に出していても、困ることはありません。理科担当ならば、備品購入の時には班（理科室の机）の数＋1個を意識しましょう。

また、理科担当でない場合は、理科担当者に理由を説明して、予備の分も購入してもらうようにしましょう。

2 塩酸の薄め方はカルピスの逆

先ほど、「薬品を薄めることを除いて」授業時間内にできるだけ子どもたち自身に準備をさせると述べました。薬品を薄める作業は、さすがに子どもたちに任せるわけにはいきません。必ず教師が行いましょう。そして、理科が教師に嫌われる理由の1つが、「薬品が怖い」「薬品の薄め方が分からない」というものです。しかし、そんな先生方に「カルピスは薄められる?」と聞くと、みんな「はい」と言います。「同じことじゃないか」と言うと、「でも…」と腑に落ちない様子です。

ほとんどの先生方は、理科担当の教師に原液を薄めてもらうことが多いのではないでしょうか。**あまり理科が得意でない先生は、すでに薄めてある薬品を買うという選択肢も**

あります。例えば、6年の金属を溶かす実験では、規定濃度3Nの塩酸が必要ですが、最近はすぐ実験できるように3Nに薄めた塩酸が販売されています。なお、理科担当者は、理科の得意な人が多いですから、「そんなの割高でもったいない。自分で薄めればよい」と言って、薄めた薬品はあまり買いません。ただし、効率化を図るのであれば、すでに薄めてある塩酸を購入するのも一案でしょう。

自分で薄めなければならない場合は、次のようにします。例えば、3Nの塩酸をつくる場合は、「水：塩酸＝3：1」で薄めます。400mLつくりたい時は、水300mLと塩酸100mLを合わせるということです。この時に注意するのは、決して塩酸の中に水を足してはいけないということです。**つまり、原液に水を足していくカルピスとは逆で、水の中に塩酸を足していくのです。**塩酸は水と反応して発熱するので、塩酸に水を足していった場合、途中で反応が始まってしまう危険性があるのです。「カルピスの逆」と心の中で唱えれば、薬品を薄める作業も

けっして怖くありません。

また、薄める際には、使い捨て手袋をはめましょう。最近は、O157やノロウィルスの対策として、どこの学校にも常備されているのではないでしょうか。これで、「瓶から薬品が漏れて手に付いたらどうしよう…」という不安も解消されます。そして、薬品の瓶に付いているラベルを手のひらで包むようにして瓶を持ちます。こうすると、瓶から薬品が垂れてしまっても、ラベルに染み込むことはありません。薬品が染み込むとラベルが劣化してしまうので、こまめな貼り替えが必要になってしまいます。些細なことですが、後々の手間を考えると、このような心がけも大切です。

3 「コバンザメ作戦」仕事は忙しい人に頼め！

若い先生方の中には、「それでも、薬品を薄めたり、実験器具の準備をしたりするのはやっぱり苦手…」という方もいると思います。そんな先生方にとっておきの方法をお教えします。それは「コバンザメ作戦」です。

以前、ある学校に赴任して4年生を担任することになりました。大きな学校だったので、4年生は4クラスあります。4月当初の入学式前、まだ子どもたちは学校に来ていません。しかし、教師にとっては一番忙しい時期です。同じ4年生を担任しているM先生が私に近付いてきて言いました。

「楠木先生は理科が得意だから、お願いがあるのだけど」

「何でしょうか？」

「残りの3クラスの担任は皆、理科が苦手です。助けていただけますか？」

M先生からのお願いというのは、新しい理科の単元に入る時、私が次の4点を行うというものでした。

1. 実験の準備（薬品を薄める、器具の準備をする）を私が1番にすること。
2. 薬品、材料は4クラス分用意すること。
3. セットした実験器具は、授業が終わった後もそのままにしておくこと。
4. 実験が終わったら、次のクラスに報告すること。

M先生に頼まれた時は、一瞬「えっ！」と思いましたが、これからお世話になる学校ですから、断ることはできません。それに、どうせ必要な準備ですから、ついでだと思えば苦ではありません。また、M先生はいろいろなことに堪能な方なので、次は私がお願いごとをするかもしれません。

「分かりました。いいですよ」

と二つ返事で引き受けました。この場合、私がサメで、他の3人の先生方がコバンザメというわけです。

このように、苦手なことがあったら、同じ学年の得意な先生にお願いしましょう。もし、同じ学年に頼める先生がいない、単学級で自分しかいない、という場合は、校内の先輩の先生にお願いするとよいでしょう。

また、人にお願いをする場合は、次のことに気を付けてください。

それは、**「仕事は忙しい人に頼む」**ということです。「えっ！　反対じゃないの？」と言われそうですが、もちろん理由があります。

「忙しい人」というのは、概して仕事がよくできる人です。そういう人は、作業にかける時間も短く、時間配分も上手です。仕事をお願いすると、隙間の時間を見つけてささっとこなしてくれます。だからこそ、校務分掌上でたくさんの仕事が割り当てられるし、他の人からも仕事をお願いされるのです。

忙しそうな様子を見ていると、仕事をお願いするのがはばかれますが、若いうちは遠慮せずにお願いしてみましょう。時には、「教えてあげるよ。一緒にやってみよう」と言ってくれるかもしれません。

ただし、忙しい学校現場です。持ちつ持たれつでないと、とてもこなすことのできない仕事量があります。助けてもらったら、違う形でお返しをします。例えば、運動会に向け、学年揃っての練習を控えた休み時間、運動場に白線のサークルを書かなければなりません。そんな時は率先して「私、やります！」と立候補しましょう。いつもお願いするばかりではいけません。

4 予備実験で「急がば回れ」

小学校の実験は、普通に行えば、大体同じ結果が出ます。冷たい言い方かもしれませんが、あまりにも極端な結果が出たり、全ての班の結果が違ったりするのは、教師の指導が悪いのです。指導書を見て、その通りに準備すればできるはずです。「う〜ん、実験結果はこうなっちゃったけど、本当は○○だからね」とごまかすことは避けたいものです。

経験の浅い先生方は、できるだけ予備実験をしましょう。いくら余計な手間を省きたいとは言え、大事なところを省いてはいけません。予備実験をすることで、子どもたちの間違えそうなところが大体分かります。**実験の失敗を防ぐことができれば、結果的に無駄な時間を省くことにつながるのです。**

私にも、失敗した経験はたくさんあります。4年「金属、水、空気と温度」では、空気と水の膨張を比べる実験があります。まず、フラスコとガラス管を使って水の膨張の実験をします。次に水を抜き、ガラス管の中にゼリーを入れてフラスコの中の空気を温めると、ゼリーが勢いよく飛び出します。子どもたちに大人気の実験です。A組ではコーヒーゼリーを使いましたが、柔らかすぎたため、最後にはゼリーがグチャグチャに崩れてしまいました。「もっと固いこんにゃくゼリーなら、うまくいくはずだ」そう思いついた私は、次のB組には意気揚々とこんにゃくゼリーを用意しました。この時は時間がなく、また、自分の予想に自信があったため、予備実験はしませんでした。ところが、結果は散々でした。まず、こんにゃくゼリーは固すぎて、ガラス管を刺した時にゼリーが割れてしまい、管の中には入りません。何とか苦労して入れても、崩れたゼリーが入るだけで隙間だらけ。空気が膨張しても、崩れたゼリーの隙間から漏れてしまい、ゼリーが動きません。「しまった！」と思っても後の祭り。子どもたちに申し訳なく、結局、その実験はやり直しました。かえって時間がかかってしまったというわけです。予備実験さえしておけば、この失敗は防ぐことができたでしょう。

5 理科室の棚は中身が見えるように

古い学校の理科室と言うと、ガラス扉の付いた古びた備品棚が並び、人体模型がこちらを見ている、オドロオドロしい雰囲気が漂う小博物館のようなイメージでしょうか。私に言わせると、それが理科室の魅力ではあるのですが。

それに比べて、新しい学校の理科室は清潔感にあふれています。理科室の壁には作り付けの備品棚があり、扉も真っ白で、まるで壁か扉か分からないようにできています。しかし、私のように、子どもに実験器具の準備をさせようと思っている教師にとっては、これが困り物なのです。白い扉で中が見えないと、何がどこにあるのかさっぱり分からないのです。一応ラベルは貼ってありますが、子どもたちには分かりにくいでしょう。いや、子どもだけでなく教師にとっても同じです。ラベルの名前を見て、頭の中で器具と結び付ける作業は思いのほか難しく、いちいち扉を開けてみるという煩わしい作業が必要になります。ガラス扉のように、一目で中身が分かるというのはとても大切なことです。それだけで、作業の効率性に大きな違いが出るのです。私は古い学校の理科室で、備品棚がガラス戸でない場合は、扉を外して中が見えるようにしてしまいます（ホコリが入って器具にダメージが加わる場合はできません）。その方が、授業の準備や理科室の整備が楽なのです。ところが、新しい学校では、作り付けのきれいな扉を外してしまうわけにはいきません。そんな場合は、どうしたらよいでしょうか。以下のような方法が考えられます。

1．前述の理科室クイズラリーで、備品の場所を覚える（しかし、それだけでは根本的な解決にはなりません）。

2. 中に入っている備品の写真を撮り、ラミネート加工して、扉の前に貼り付ける。
3. 備品棚の各扉を開けた状態を写真で撮り、それぞれの扉に貼り付ける。

3の方法が一番簡単です。教師が写真だけ撮ってプリントアウトし、理科係や理科室掃除の子どもたちに貼っておくように伝えるだけです。子どもたちはクイズ気分で、喜んで引き受けてくれます。ただし、これをする場合は、理科室担当の許可を得る必要があるかと思います。また、貼り方が汚いと苦情が来る可能性もあるので、最後は必ず教師が点検しましょう。

6 落ち着きのない子どもにはイエローカード方式

(1) 注意2回でイエローカード

教師の言うことを聞かずに、目の前の実験器具を触ってしまう、そんな落ち着きのない子どもが、クラスに1人はいると思います。**理科の実験では、ガラス器具や薬品などを扱うので、勝手な行動をさせないよう、特に目を光らせる必要があります。**

落ち着きのない子どもには当然注意しますが、なかなか言うことを聞かないものです。では、どうするのがよいでしょうか。私は、イエローカード方式を取っています。それは、以下のような方法です。

ここは理科室、子どもたちに実験の説明をしているところです。話を聞く時には、必ず話す相手の方を向かせるようにします。理科室の机の配置から、教師に背を向けて座らざるを得ない子どもがいる場合も、話を聞く時は必ず教師の方を向かせます。先ほど述べたように、基本的には先に実験の説明をしてから実験器具を準備させますが、実験の途中に説明をしなければならないような場合もあります。そんな時、教師が話をしていても、実験器具を触っている子どもがいたとします。

「3班、実験器具に触っている人がいますが、まだ触ってはいけません。注意1回目ですよ」

「3班」と、班に対して注意するのには理由があります。その班に対して「君たちの内の誰かだよ」と知らせ、気付いた子どもがお互いに注意できるようにするためです。さらに、他の班の子どもたちに警告するためという理由もあります。注意すると、その時はやめました。しかし、しばらくするとまた誰かが触り始めました。

「3班、また実験器具に触っている人がいます。注意2回目です。次に注意されたら、君たちの班は事故を起こす危険性があるので、実験させることはできません」と強く言います。このような言い方をすると、ほとんどの場合、実験器具を触らなくなります。班の中でお互いに注意するようになるからです。自分たちで注意し合えるようになるのが一番よいのです。

しかし、中には、同じ班の子どもに注意されても、触るのをやめられない子がいます。その場合は、次のようにします。

説明中に、Aさんの手が伸びてきました。同じ班の子どもたちが注意をしますが、言うことを聞きません。

「Aさん、実験器具にまだ触ってはいけません。注意1回目ですよ」

その時はやめますが、しばらくすると、またAさんの手が伸びてきました。

「Aさん、また触りましたね。2回目です。もう1回触ったら、君はみんなと一緒に実験ができませんよ」

強い口調で注意したので、さすがのAさんもしばらく触らずに我慢していました。ところが、しばらくして、Aさんはまた触ってしまったのです。

「Aさん、また触りましたね。3回目です。残念ですが、君は先生と一緒に実験をしましょう」

Aさんには、教師が絶えず付き添って実験を見守ります。

この場合、班ではなく、Aさん個人に注意したのには理由があります。Aさんのような子どもは、班として注意を受けた場合、自分のことだと認識できません。また、同じ班の中できちんと注意をした子もいるのに、班として責任を取らせたら、Aさん以外の子どもたちもまた実験できないことになります。そうなれば、子どもたちにも不満がたまり、「Aさんのせいだ」と仲間外れをするようになるかもしれません。教師がいじめのきっかけを作ったことになってしまうのです。

このような状況では、教師は叱りながらも、子どもを実験に参加させようとするでしょう。しかし、そんな時ほど、事故が起きやすいのです。事故が起きてしまえば、教師の責任は免れません。指導の正否を問われます。たとえ「Aさんには十分に注意しました」と弁明しても、「日頃から事故を起こしそうな子どもは、担任として分かっていたはずだ。どうして実験をさせたのか」と、また教師の管理責任が問われます。やはり「よかれと思って…」は通じないと考えてください。

ある科学の大会に参加したことがあります。そこでは、屋台形式のブースが設けられ、いろいろな実験が披露されます。一般参加者は気に入ったブースに行き、実験を体感できるのです。私は実験を披露する一人でした。ラテックスゴムとクエン酸を使って、「スーパーボールを作ろう」という簡単な実験を行うことを、主催者に伝えました。ところが、事前の審査がとても厳しかったのです。
・使用する薬品類は危険のないものか、事前に送付すること
・ゴムにアレルギー等のある人は、気を付けるように表示すること
・実験中は、薬品が目に飛ぶといけないので、ゴーグルを着用させること
・使用したゴーグルは、その都度きれいに拭くこと
・実験後は、必ずウエットティッシュを渡して、手洗いをすすめること
この実験の対象が、クラスの子どもたちではなく一般参加者という違いがあるとは言え、社会が求める安全配慮の厳しさを知りました。これ以後、授業で行う実験に対しても、よりいっそう注意を払うようになったのです。

(2) 事故を防ぐことが第一

では、何度注意しても落ち着きのない子どもには、どのように対処したらよいのでしょうか。

1. 落ち着きのない子どもがいる班は、絶えずそばにいて目を離さない。

2.「ちょっと危ない」と思った実験は、子どもたちにはさせずに、教師が行う。

3.「心配な行動をとる児童がいる」と主任や管理職に相談して、手が空いている人や支援員に応援に来てもらう。

私は応援を依頼されると喜んで引き受けました。もし事故が起きてしまった場合、子どもがけがをする危険性があります。また、事故の対応や処理に追われ、最終的には管理職の責任になります。それらを事前に防げるのですから、率先して応援に駆け付けるというわけです。

私には苦い思い出があります。新しい学校に赴任して、6年生の担任を任されました。新しく赴任した学校で、いきなり6年生の担任を任されることは珍しく、不思議に思いました。

別のクラスの担任の先生は、私よりいくつか年齢が上で、信頼できる方でした。去年は5年生を担任していました。クラス替えはしましたが、学年は持ち上がり、今年は私と同じ6年生の担任です。初日からいろいろと教えてくださっていたのですが、職員会議の後、こんなことを言ったのです。

「先生は理科が得意だから、子どもたちに実験させると思いますが、私はあの子どもたちには実験はさせません。とても危険ですから。私は、これからの1年間、全ての実験は演示実験で終わらせるつもりですよ」

不思議なことを言うなと感じながらも、その言葉の意味を深く考えませんでした。

始業式が終わり、授業が始まりました。確かに、学年始めから不思議な行動をとる子どもたちが多いクラスでした。6年の理科は、アブラナの花のつくりの観察から始まります。

「隣のクラスの先生はあんなこと言っていたけど、これくらいなら大丈夫だろう」と、子どもたちに観察させることにしました。

「今日はアブラナの花のつくりを観察します」

と言って、採ってきたアブラナの花、ピンセット、ルーペを各班に配り始めたその時、

「ボン！」

と音がして、電灯が消えました。理科室の電気のブレーカーが落ちたのです。その前に、

「熱っ」と小さい声が漏れたのを、私は聞き逃しませんでした。

子どもたちも驚いた様子で、顔を見合わせています。ちょっと強い口調で

「何があったのですか？　電灯が消える前に、『熱っ』という声を聞きましたが」

と問いかけると、

「先生、Bさんがピンセットを差した」

と言うのです。意味が分からず詳しく問いただすと、ピンセットが配られた時に、Bさんはすぐに手に取り、それを理科室のコンセントに突き刺したのです。コンセントの2つの隙間に、ピンセットの分かれている先をそれぞれ差し込んだというわけです。ショートするはずです。それで、本人は「熱っ」と声を上げたのでした。Bさんの行為に驚きましたが、まずは本人の安全確認が先です。

「Bさん、けがはないか?」

ピンセットはコンセントの電極に触れただけでした。幸いけががもなく、ブレーカーが切れただけでしたが、念のために、Bさんを保健室に連れて行き、保護者にも連絡しました。理科室の机、コンセントなど全てを見回り、安全を確認してからブレーカーを入れます。電灯が点きました。

この一件で、いきなり6年生の担任になったことや隣のクラスの先生が言っていたことが全て理解できました。そして、これ以降、しばらくは教師の演示実験で授業を進め、子どもたちの様子を見ました。半年が過ぎて、子どもたちが落ち着き、「これなら大丈夫だろう」と思った頃に、子どもたちの実験を徐々に増やしていきました。**どれだけ熱心に指導し、子どもたちのことを思っていても、事故が起きてしまえば何の意味もありません。**子どもたちの主体的な活動を重視することはもちろん大切ですが、安全が保障できなくては元も子もないのです。

(3) 子どもたちがなかなか静かにならない時には

子どもたちにとって、理科室に入ることは、それだけでうれしいものです。面白そうな実験器具やちょっと怖い標本。教室のように前を向かなくてもよい実験机は、友達とくっついて座れるので、少しくらいおしゃべりをしていても気付かれません。教室とは異なる環境である理科室は、いわば非日常を味わえる空間なのです。そんな高揚感から、子どもたちはざわざわとしていて、なかなか静かになりません。皆さんは、そんな時どうしますか。私は、子どもたちが静かになるのを黙って待ちます。

そのうちに、2、3人の子どもが気付き、「静かにしてください」とか「静かにしろよ」などと言い出し、だんだん静かになります。それを待ってから、次のように言います。

「『静かにしてください』と呼びかけてくれた人、ありがとう。同じ班の人同士で注意し合えると、もっとよかったね」

そして、こう付け足します。

「理科室での授業は、静かになるまで始めません。理科室には、使い方を間違うと危険な器具や薬品があります。先生の話をきちんと聞いておかないと、君たちが危険な目にあうかもしれません。騒がしい状況では先生の話が聞けないので、静かになるまで待ちます。もし、君たちがなかなか静かにならなくて時間が足りなくなったら、残念ですが、君たちが行う実験が減ります。例えば、２つ実験があるのに１つしかできなかったら、残りの１つは先生がみんなの前で実験して見せます。君たちはできません。体育でも見学があるように、先生の実験を見るだけでも勉強はできますからね」

実験がしたい子どもたちは、減らされては大変だと、早く静かになります。**騒がしくしていると自分たちにとって不利だということが分かれば、子どもたちは自律的に静かにしようとするのです。**

Chapter
3

失敗しないためのワンポイントアイデア

「この実験だと、子どもたちは○○をしそうだな…」とか「この器具を渡したら、こういう使い方をするだろう」と子どもたちの行動を予測することで、事前に失敗を防ぐことができます。失敗を防げば、授業がスムーズに進み、結果的に時短につながるというわけです。本章では、子どもの失敗やそれを防ぐ簡単なコツをいくつか紹介しましょう。

第3学年

1. 温度計を持ち歩く時には要注意

学年を問わず、春には野外観察があり、気温や水温の計測には温度計を使用します。そこで、子どもたちに注意するのが「温度計を割らないように」「温度計を折らないように」ということです。教科書には温度計の使用方法や、「地面の土に直接突き刺してはいけません」という注意点などが書かれています。しかし、直接地面に突き刺してはいけないことは、子どもたちも分かっています。

私の経験上、一番多かったのは、温度計を持って移動している時に落として割ってしまうことでした。割れたガラスの処理には時間がかかります。子どもがけがをしていたらなおさらです。その子どもから事情を聞いたり、代わりの温度計を取りに行ったりと、対応に追われて授業が中断してしまいます。温度計を割ってしまった子どもたちは、次のように説明していました。

「温度計のケースの上からしっかり持っていた」
「持って歩いていた時に、温度計が飛び出した」
「飛び出した温度計が地面に落ちて割れた」

以上の話から、割れた時の状況が予想できます。

温度計のケースを手に持って歩いているうちに、振動で温度計本体も揺れ、ケースの上の蓋を押して飛び出し、地面に落下した、というわけです。

子どもたちは「歩いていた」と言っていましたが、ケースの蓋を押し出すほどの振動なので、小走りであったことは十分考えられます。

そこで私は、温度計の基本的な使い方を指導した後、次のような寸劇を演じます。

「わーい、わーい、観察だ。外に出られてうれしいな」

スキップのように軽い足取りで、左手は温度計のケースの中程をしっかり握っています。そして、

「あっ！」

と叫んで、子どもたちの注意を引きます。右手でケースの蓋と温度計を持ち、ケース本体から引き抜きます。本体から抜け出た温度計と蓋が、放物線を描いて空中を飛ぶ様子を、スローモーションのように見せるのです。

「あー」

と言っている間に、右手の温度計は地面に落ちてしまいます。私がびっくりした顔をすると、子どもたちは笑いながら見ています。中には、温度計が地面に落ちるところで「ガチャーン」とか「パリン」とか擬音を出して、助けてくれる子どももいます。最後に、

「あー、先生に叱られるー」

と叫ぶと、子どもたちは「あーあ」と言ってくれます。

「こんなことにならないようにするためにはどうすればよいでしょうか？」

こう問いかけると、子どもたちは
「走らない」

「ケースの本体と蓋を一緒に握る」

などの解決策を挙げるのです。そして、最後に正しい持ち方を指導します。

すると、実際の観察の時に、

「先生、こう持つと大丈夫だよ」

と言って、左手は温度計のケースの本体を、右手は蓋を、両手でしっかり持っている姿を見せてくれた子どもがいました。こういう説明をするようになってから、温度計を割ることはぐんと減りました。しかし、それでも予想外のことは付きものです。私は運動場や野外の観察に出かける時には、必ず予備の温度計を持っていくようにしています。

2. 植物の水やりは10秒数えながら

「身の回りの生物」の学習では、植物を栽培して、観察記録を付けます。水やりをする時に、教師は「お水をたっぷりあげましょう」とか「水をしっかりやってね」とよく言うでしょう。この「たっぷり」とか「しっかり」という表現には要注意です。なぜなら、一人一人の感覚によって受け取り方が異なるからです。

子どもたちは、表面の土が濡れたら、もう十分と判断することが多いようです。そのため、子どもたちはしっかりあげたつもりでも、まだ足りないということがよくあります。

それでは、どう伝えればよいのでしょうか。

　子どもたちがじょうろで水やりをする場合、「水をあげている間、10数えましょう」と伝えます。10数えるくらいの時間だと、土の表面が濡れてもまだ水をあげ続けることになります。また、ホースで水をまく場合は、「水をあげている間、5数えましょう」と伝えます。この表現だと、子どもたちは迷いなく、しかもしっかりと水をあげることができるのです。

　このように、子どもたちに指示をする時には、人によって解釈に差があるような表現はなるべく避けるようにしましょう。どんな場面にも当てはまりますが、1回の指示で伝わるようにすることが、効率化を図る第一歩と言えます（詳しくは、拙著『指示は1回―聞く力を育てるシンプルな方法―』を参照）。

3. アオムシはガラス板の下から観察

「身の回りの生物」では、昆虫の飼育・観察も行いますが、昆虫の嫌いな教師にとっては人気のない単元です。特に、アオムシのクネクネとした動きが気持ち悪くてたまらないという人は多いでしょう。

しかし、どんなに昆虫嫌いの人でも、子どもたちに尊敬されること間違いなしの簡単な方法があります。それは、アオムシをガラス板の上に乗せるだけ。割り箸でそっとつかめば、直接手で触る必要はありません。

ガラス板の下から、アオムシの動く様子を観察してみましょう。腹部の動きが手に取るように分かるのです。子どもたちは、思わず驚きの声を上げるはずです。少し視点を変えるだけで効果抜群、失敗知らずの観察方法です。

また、捕まえてきたチョウを観察する時、困ってしまうことがあります。それは、チョウは止まっている間、はねをたたんでしまうことです。はねを広げてくれないと、スケッチができません。それにはよい方法があります。

ガラス製のシャーレを用意します。蓋を開けてチョウを入れます。そして、そうっと上蓋をチョウにかぶせるのです。するとチョウは、はねを開いたまま狭いガラスシャーレに押し込められてしまいます。少しかわいそうですが、開いたはねをじっくりと観察できます。観察が終わったら、すぐに戻してあげましょう。

4. 失敗を防ぐために、あえて失敗を見せる

「風とゴムの力の働き」では、ゴムで動く車を使って、ゴムが元に戻ろうとする力の大きさと車の動く様子との関係を調べる実験をします。ゴムを弱く引っぱれば少し動き、強く引っぱれば大きく動きます。それを確かめる実験なのです。しかし、子どもたちは頭では分かっていても、実際に車を動かす実験となると、「他の子どもより、車を遠くに行かせたい」「一番になりたい」という気持ちが押さえられません。風の実験では、子どもは直接車に触れられませんが、ゴムの実験では直接触れられるので、手加減によって車の動きが変わってしまうのです。

そこで、私は実験の前にこんなことをします。

「さあ、今から実験を始めます。まずはお手本を見せましょう。誰か、先生と一緒に実験してくれる人はいませんか？」

「はい」「やりたい」と、何人かの子どもの手が挙がります。

「では、Aさんにお願いしましょう」

と言って、Aさんを前に出します。他の子どもたちに見えるように2人が並び、実験を始めます。

「では、実験1は、○ｃｍ下げるのでしたね。よーい、始め」

2人は車から手を離します。この時、教師はAさんよりちょっと短く走るように手加減をします。

「A君は○m行ったね。先生は残念ながら○mだ」

と悔しそうに言います。

「次は、実験2。さっきより長く○ｃｍ引っぱるのだね。よーい、始め」

今回は、子どもたちにも見えるように、大げさに車を押し出します。当然、教師の方が遠くまで行きます。

「今回は先生が勝った！」

と喜びます。

すると、子どもたちから、「先生はずるい！」と、非難の声が上がります。

「先生のどこがいけなかったの？」

と聞くと、

「先生は、手で押した」

「ゴムの力の実験なのに、手の力が入っている」

「大人なのにずるい」

と、実験での注意点を全て言ってくれます。そこで、さらに念を押します。

「では、この実験で気を付けることは何ですか？」

「手で押してはいけない」

「持っていた手を離すだけ」

「車を押してはいけない」

子どもたちは見事に答えてくれます。また、この様子を見ていた元気印の子どもたちも「やってはいけない」ことだと自覚し、おとなしくなるのです。

このように、教師があえて失敗例を見せると、子どもたちはそれを強く意識しながら注意深く実験に取り組むので、授業や実験がスムーズに進みます。また、元気印の子どもたちは、授業とは関係ないことに興味を示したり、ちょっとふざけたい気持ちがあったりしますが、先に教師がやってしまうことで、そんな気持ちを封印できるのです。「これには気を付けましょう」「こういうことはしてはいけません」と口頭で注意するだけでは、子どもたちはあまり注目しません。実際の失敗例を見せると、効果絶大です。また、安全も確保できます。

また、この方法は理科以外の他の教科にも応用できます。例えば、図工ではハサミの使い方を間違えてみたり、体育ではあえて悪い見本を見せたりすることも考えられます。

5. 音の振動を見える化

「光と音の性質」は、新しく追加された内容を含む単元です。「光」は以前からありましたが、「音」は新規項目です。

私は、小学校で音の学習を行うのには賛成です。音楽でも楽器をたくさん扱いますし、何より子どもたちにとって身近なものです。教科書にどのような内容が入るかは分かりませんが、音の学習は「音源が震えている」ということが分かればよいのです。そこで、この学習では、「震えていることが見える」ようにするのが、簡単で理解しやすい方法です。

例えば、小さく切った色紙を太鼓の上に置いてたたくと、色紙が飛び跳ねます。その様子を見せます。また、水を少し入れたワイングラスの縁を指でこすると、音が出るとともに水面が小刻みに振動します。その様子を見せるのもよいでしょう。このように、音源が震えていることが分かる教材をたくさん用意すると、3年生の子どもたちにとって理解しやすく、また楽しい学習になります。

6. 方位磁針は机の上に載せない

「磁石の性質」を学習する時には、方位磁針を使います。まず使い方を説明してから、全員に配付します。

教師は、方位磁針を手のひらの上に置き、磁針が静止して北を向くのを待ってから、子どもたちに問いかけます。

「北はどっちかな?」

すると、子どもたちは教師の方位磁針とは違う方向を指差すのです。なぜこんなことが起こるのでしょうか？

子どもたちに方位磁針を配ると、一度は手のひらに乗せるものの、すぐに机の上に置いてしまいます。手元が動くと磁針が振れやすいので、止まるのを待つのがもどかしくなり、つい置いてしまうのです。机の天板は木でできているので、子どもたちは何の抵抗も感じませんが、その天板のすぐ下は鉄です。その影響を受けて、磁針が違う方向を指してしまうというわけなのです。

「先生の指している方向と、君たちの方位磁針の指している方向が違うのはなぜかな？」と、さらに問いかけます。そして、机の天板の下は鉄でできていること、だから教科書には、手のひらに置くように書かれているのだということを説明すると、子どもたちは納得します。

また、磁石の学習で注意することがもう1つあります。強さの違う磁石を混ぜて使わないということです。磁石には、違う極同士は引き合い、同じ極同士は退け合うという性質がありますが、これは同じ強さの磁石の場合です。強いアルニコ磁石と普通の棒磁石を混ぜて使うと、アルニコ磁石にとって、棒磁石はただの鉄の棒になってしまい、同じ極であっても引き寄せられてしまうのです。

7. 鉄粉の代わりに結束ワイヤー

「磁石の性質」の学習では、磁石の極の性質や、磁力線の方向など、鉄の磁性を知るために鉄粉を使用することがよくあります。しかし、鉄粉が磁石に付いてしまうと、その後の処理に時間を取られます。鉄粉が磁石に付かないようにビニル袋をかける方法もありますが、ちょっとしたことですぐに鉄粉が付いてしまい、イライラした経験はないでしょうか？　鉄粉は細かいため、磁石から取るのに大変苦労します。

そこで、鉄粉を使わなくても、手軽に楽しく磁力線が見える方法をお教えします。それは、結束ワイヤーを使用することです。結束ワイヤーとは、中央に細い針金が内包された平たいひものことです。パンやお菓子の袋の口をとめてあるのを、よく見かけるのではないでしょうか。あの結束ワイヤーを１ｃｍくらいの長さに切ったものをたくさん用意します。それらを箱に入れ、その中に磁石を入れると、磁力線通りに結束ワイヤーが付きます。

磁力の強いところにはたくさん、弱いところには少なく、磁力のないところには付きません。しかも、磁力線の方向が一目瞭然で、後片付けも簡単です。結束ワイヤーの長いものは、ホームセンターで購入できます。園芸用品売り場には緑や茶色のもの、電気用品売り場には赤、青、黄などのカラフルなものが置いてありますす。また、100円ショップには、金色や銀色などメタルカラーのものも売っています。

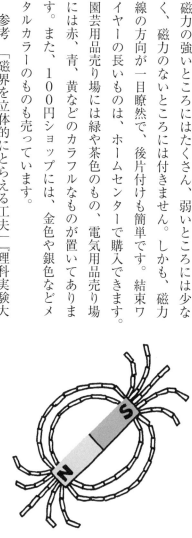

参考「磁界を立体的にとらえる工夫」『理科実験大百科　第5集』p.33　少年写真新聞社　2005

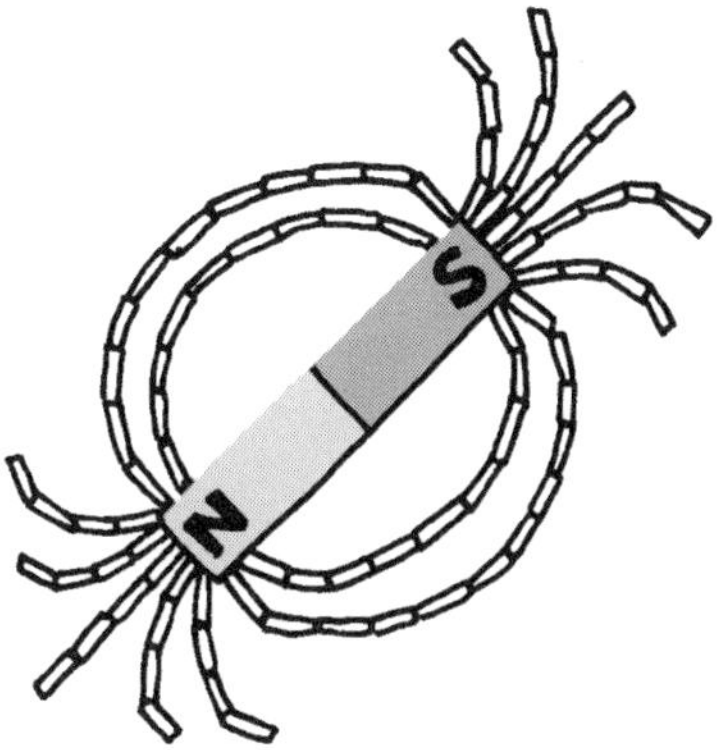

8. 粘土は長く触らせない

「物と重さ」の学習では、「形を変えても重さは変わらない」ことを証明するための実験をします。この実験では粘土を使うことがありますが、その際に気を付けなければならないことがあります。それは、「子どもたちに粘土を長く触らせない」ことです。子どもたちは粘土遊びが大好きなので、形を変えるだけだと言っても、いつまでも触り続けてしまうものです。すると、爪の間に粘土が入ったり、小さいかけらがぽろぽろと落ちてしまったりします。つまり、子どもたちが粘土を触れば触るほど、粘土が軽くなっていくのです。子どもたちが粘土遊びを始めそうになったら、「はい、先生の方を向いてください」と言って中断させるなど、粘土を長く触らせないように心がけましょう。

コラム

1　氷の上の磁石

3年「磁石の性質」では、「磁石を自由に動けるようにすると、南北を向いて止まる」ことを試す実験があります。しかし、「磁石を自由に動けるようにする方法」は、教科書に書いてある通り、糸でつり下げる、容器に入れて水の上に浮かべる、以外の方法は思いつきません。子どもたちと話していたら、

「先生、机の上に油を塗るとつるつるするから、磁石を置いたら動くんじゃない？」

と言う子がいました。それを聞いた子が、

「先生、氷は使えないかなぁ？　氷もつるつる滑るよ」

と言うのです。私は心の中で「そんなのうまくいくはずない」と思い、その意見を取り上げるか迷っていました。すると、教室にいた特別支援学級の先生が

「先生、私が持って来ますよ」

と言ってくれたのです。私のクラスは特別支援学級の子どもの協力学級になっていて、国語や算数以外には、その子どもに付いて支援の先生も来てくれていたのです。正直言うと、

「う～ん、時間もないのに実験が増えるな」と思ったのですが、せっかくの申し出ですので、お願いしました。すると、油と冷蔵庫の角氷をたくさん持ってきてくれました。

そして、実際に子どもたちと試してみました。まず、磁力に影響を与えない木製の机を用意します。机の上に油は塗れないので、下敷きの上に油を塗って磁石を置きましたが、磁石が滑りません。これは失敗でした。

次は氷です。冷蔵庫の角氷は小さいので、その上に磁石を乗せること自体が難しいのです。ころころと磁石が氷から落ちてしまいます。子どもたちも「また落ちた」と言いながら、なかなか乗せることができないようです。そこで、氷に磁石を押し付けてみると、少し溶けて溝ができました。その溝に、磁石をはめるように置きました。そして、そうっと机の上に置いて様子を見ます。すると、動くのです。磁石が氷と共にすっと動いて、南北を向きました。私は大変驚いて、思わず「動いた！　動いた！」と声を上げてしまいました。子どもたちにやり方を教えて、みんなでやってみました。子どもたちも「動いた！　動いた！」と大喜びです。しかし、実験が終わった後の後片付けは大変でした。机と床は、水に濡れてびしょびしょです。これは、時短とは言えない活動でしたが、時には柔軟に、子どもの自由な発想に対応してみると、思わぬ発見があるものです。

第4学年

1. 丈夫なのはヘチマ

「季節の生物」の学習では、季節の変化に着目しながら、植物の栽培・観察をします。ある教科書には、栽培教材としてヒョウタン、ヘチマ、ツルレイシ（ゴーヤ）が挙げられています。一昔前の教科書では、ヘチマの栽培が主流でした。当時でさえ、ヘチマは子どもたちにとってなじみのないもので、化粧水やたわしに使えると言っても誰もピンと来ないような植物でした。私は「なぜ子どもたちになじみのない植物を育てるのか」と疑問に思い、ヘチマと同じウリ科のキュウリ、スイカ、カボチャ、ヒョウタンを全て育ててみました。すると、教科書にヘチマが採用されることを納得せざるを得ない

結果を得たのです。

1．ヘチマは病気に強く、育てやすい。

2．ヘチマの花は大きく、観察しやすい。

さすが教科書です。きちんと選ばれた理由があったのです。

4年の栽培教材に挙げられた3つのうち、ヒョウタンは面白い形をしていますが、現代の子どもたちにはあまりなじみはありません。また、ヘチマに比べて病気になりやすいという欠点があります。ツルレイシは給食に出ることもあるので、子どもたちにもなじみはあるでしょう。しかしながら、丈夫さと育てやすさ、花の大きさから、やはりヘチマが最も栽培教材として適していると考えられます。形の面白さでヒョウタン、食べられるという理由でツルレイシを選んだとしても、私は、ヒョウタンとヘチマ、ツルレイシとヘチマというように、必ずヘチマを一緒に育てるようにしています。

2．ショート回路をあえて実演

「電流の働き」では、電池のプラス極とマイナス極を直接つないでしまう「ショート回路」という失敗があります。これを行ってしまうと、急激に電池が減り、また導線が非常に熱くなってきます。ここでも、失敗例をあえて見せると効果的です。

「この乾電池のプラス極とマイナス極を導線で直接つないでしまうと、どうなるか知っていますか」

と聞くと、子どもたちは

「何も起こらない」

「爆発する」

「線が燃える」

などと、いろいろなことを言ってきます。

「では、ちょっとやってみましょう」

そう言って、実際にプラス極とマイナス極を直接つなぎます。その途端、

「熱っ！」

と叫び、わざと乾電池と導線を手から落とします。子どもたちは息を呑んで、こちらを見つめています。「先生、大丈夫?」と心配してくれる子もいます。

「このように、電池のプラス極とマイナス極を直接つないでしまうと、電流が急にたく

さん流れて導線が持てないほど熱くなります。これをショート回路と言って、危険なつなぎ方です。決して真似しないようにしましょう。また、知らないうちに直接プラス極とマイナス極がつながってしまう場合もあります。導線が熱くなったらすぐに電池を外しなさい」

実際に失敗した様子を見ていた子どもたちは、その怖さを実感したので、注意深く実験に取り組むようになります。

3.「直列つなぎ」と「並列つなぎ」を体現

「電流の働き」では、楽しく簡単に「直列つなぎ」「並列つなぎ」を学習する方法があります。

電池や豆電球のつなぎ方を学んだ後、3人で1つのグループを作ります。1人は赤白帽の赤い方を、残りの2人は白い方をかぶります。1グループを前に出して、説明していきます。

「赤い帽子をかぶっている人は豆電球です。白い帽子の2人は乾電池です。手は導線です。では、まず手をつないで『直列つなぎ』になりましょう」

これは簡単です。すぐにできます。

「次は難しいぞ。『並列つなぎ』になりましょう」

子どもたちは試行錯誤しながら、「並列つなぎ」を作ります。他のグループも「直列つなぎ」と「並列つなぎ」を作っていきます。「直列つなぎ」は簡単なので、全体を見渡せば分かりますが、「並列つなぎ」は少し難しいので、グループを一つ一つ見回り、できているかどうかを確認します。役割を変えて、もう一度行います。

次に、4人で1つのグループを作ります。

先ほどと同じく赤い帽子は豆電球、白い帽子は乾電池です。さらに、帽子をかぶらない人をスイッチとします。

まず、スイッチの入った「直列つなぎ」を作ります。

「今は、手がつながっているから電気が流れています。では、スイッチを切りましょう」

スイッチ役の子どもは、片方の手を離します。どうしてよいか分からない子どもには教えます。

「スイッチを切った時は、分かりやすいように離した手を上げましょう」

そして、スイッチを入れたり切ったりするのを、2、3回練習します。

次にスイッチの入った「並列つなぎ」です。これは少し難しいです。最後に役割を変えて、やってみてもよいでしょう。

この学習は大変楽しいのですが、プラスとマイナスが表現できないのが欠点です。しかし、「電気の流れが輪になる」ことが体感できるという効果はあります。もし、時間があるならば、赤や緑などの違う色の手袋をプラスとマイナスに見立てて左右の手にはめるのもよいでしょう。その場合は、例えばプラス同士が手をつないでいるのを見つけたら、実際には豆電球がつかないと教えることができます。

さらに、この活動には発展編があります。

まず、3人1組の子どもたちを前に出して、「直列つなぎ」を作らせます。そして、次のように言いましょう。

「先生は検流計です。検流計は意地悪なので、みんなの中に邪魔をしに入ります」

と言って、輪を1か所切り、中に入って手をつなぎます。大きな輪になりました。

「検流計は意地悪だから、次はここを邪魔しよう」

と言って、次は違う子どもと子どもの間に入りました。そして言います。

「検流計は、輪の中ならどこに入ってもよろしい」

次に、子どもたちに「並列つなぎ」を作らせます。

「並列つなぎの場合、検流計はどこに入ったらよいのかな？」

「○さんと○さんの間じゃない？」

と教えてくれます。実際にやってみます。

子どもたちの間から「私たちもやってみたい」という声が上がるなら、豆電球、電池、スイッチ、検流計の役を決めて、みんなでやっても面白いと思います。

ところで、子どもから、こんな質問を受けました。

「先生、検流計は何をかぶるの？」

豆電球は赤い帽子、電池は白い帽子、スイッチは帽子なしです。検流計は、赤でも白でも帽子なしでも困ります。教師が検流計役なら、体も大きくてすぐ見分けがつきますが、子どもたちでは印がなければ、誰が検流計の役か分かりません。「野球帽をかぶればいいよ」と提案する子がいました。また、「僕はこうするよ」と言って、赤白帽を半分ずつにして、ウルトラマンのようにかぶった子もいました。これには、子どもたちも大笑いでした。

4. 教材キットは説明図通りに

理科では、「電流の働き」の学習を始めとして、教材キットを利用することがよくあるでしょう。

本来ならば、キットに頼らず材料を一つ一つ用意する方が、費用の面で保護者負担の軽減にもつながるのでしょうが、教師の手間や時間を考えると、とてもそんな余裕はありません。私も一時期意地になって、キットを使わず、自分ですべて用意していたことがあります。まず材料を選び、全体で必要な量を算定します。ホームセンターなどで購入した後、班による実験ならば班の数分、個人実験ならばクラスの人数分に、材料を分けてセットしなければなりません。これは理科と工作が好きで、経験があったり工具を持っていたりしたからできることで、一般の教師向けではありません。そこで、簡単で便利なキットを使用するわけですが、その時に注意することがあります。

些細なことに思えるかもしれませんが、失敗を防ぎ、スムーズに授業を進めるコツです。

1. 全ての部品に名前を書かせる（小さい部品の場合、出席番号や自分のマークだけでも可。足りない時や紛失した時にすぐ分かります）。

2. 4年生のように2個の電池を使用する場合、1個ずつ配るようにする（2つを同時に配ると混同して使ってしまい、減った電池とそうでない電池が交ざってしまうからです）。

3. 箱の場合、一方のふたをテープでとめて、部品が落ちないようにする。

4. 説明図の読み方を教える（ミニ四駆世代なら朝飯前ですが、最近の子どもたちは説明図の見方をよく知りません）。

5. 説明図通りに進める。

キットに入っている器具や材料を使いながら、教科書に合わせた実験をしようとして、うまくいかなかったという経験はないでしょうか。キットを使う場合は、そこに添えられた説明書の手順に従って実験した方がよいでしょう。

日本全国で使用されている教科書は数種類あり、教科書によって実験が多少異なっています。しかし、キットは、それぞれの教科書に合わせるわけにはいきません。また、実験結果がきちんと出る教材を、より安く作らなければなりません。メーカーにとっては、価格との勝負なのです。

特に、**6年「電気の利用」**の実験では、手回し発電機を回す回数が、教科書と説明書では異なる場合があります。説明書通りの回数でないと、実験結果がきちんと出ない可能性もあるのです。これは、使用しているコンデンサの特性によるものです。

なお、磁石などの単純なものに関しては、セットの磁石を使用して、教科書に書いてある実験を行っても問題はないでしょう。

5. 月や星の観察は握りこぶしで徹底練習

「月と星」の学習では、夜間に家で観察を行うことになります。もちろん理科の授業で観察の仕方を指導しますが、それでも「えっ！」と驚くような結果が提出されることがあります。とてつもなく高い建物が描いてあったり、だんだん高くなっていくはずの月や星の位置がありえない軌道を示していたりするのです。教科書によっては、「運動場で練習してから観測しましょう」と書いてありますが、その練習の程度により、提出される観察記録の仕上がりに差が出てきます。

　家庭学習では、教師が付き添って指導するわけにはいきません。したがって、教師がそばで指導しなくても観察できるほどに、学校で練習しておかなければならないのです。

　教科書には、角度は握りこぶしで測る方法が紹介されています。この方法は非常に優れていて、角度計などの器具を使わなくても、子どもも大人もだいたいの角度が測れます。私もいろいろと苦い思いをして、最後は次の手順に落ち着きました。
①握りこぶし１つが約10度。９つで真上になるように、教室で練習する。
　まず、目の高さに握りこぶしを差し出します。その握りこぶしが下がらないように保ちながら、その上にもう片方の握りこぶしを重ねます。この角度が握りこぶし１個分、約10度です。交互に積み重ねていき、９個重ねた

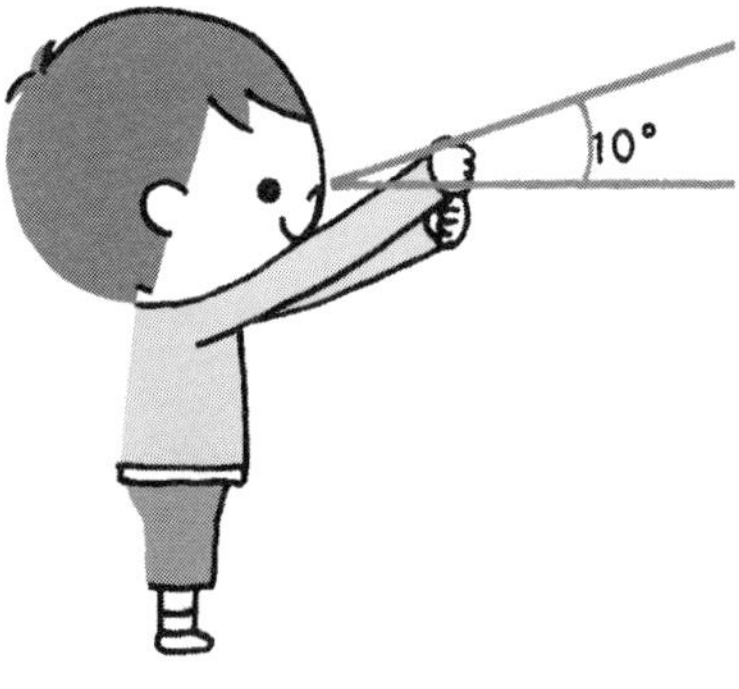

ところで真上、つまり約90度となります。

②教室内で、黒板の上やスピーカーなどを指定し、握りこぶしで角度を調べてみる。

対象が近いため、教室の前と後ろでは数が違ってきますが、1個分くらいの誤差は認めます。この時に、いい加減な数え方をしている子どもがいたら、きちんと指導しておきましょう。

③観察用紙を使い、運動場で実践する。

観察用紙（東、南、西の方角と高さの線が入っているもの）を用意して、運動場に出ます。方位磁針を元に、東の方角にある建物を見つけ、握りこぶしで角度を測ります。この角度は、子どもたち全員ほぼ同じはずなので、ここで個々の差を調整します。そして、観察用紙の東の方角のところに、その建物を書き込みます。同じことを、南、西も行います。細かく描写しようとする子もいるので、「建物は四角に描くだけでいいです。時間があったら窓などを描きましょう」と伝えます。

④南東（東と南の間）と南西（南と西の間）にある建物を、同じように書き込む。

東、南東、南、南西、西の間にある建物を描いて、つないでいきます。

⑤太陽の方角と位置を測り、観察用紙に描き込む。

ただし、太陽を直接見ることは危険ですので、必ず保護めがねを使用しましょう。

⑥夜の観察場所を決める。

各自、夜の観察場所を決めるよう宿題に出します。また、保護者へのおたよりとして、次のことを伝えておきます。

・月、星の観察が家庭学習であること。
・家の窓、ベランダ、庭から南の空が観測できる状況なら、子どもだけでもできること。
・家の外に出なければならない場合は、付き添いをお願いしたいこと。

ポイントとなるのは、角度を握りこぶしで測る方法です。この方法を練習している子どもたちを見ていると、うまく数えることのできない子どもには共通点があります。それは、交互に重ねていく握りこぶしが空中で固定されずに、ぶれたり動いたりしてしまうことです。そこで私は、わざと大げさにやってみせるのです。

「先生はなかなか測れないのだけれど、何がいけないのかな」

と言いながら、握りこぶしを左右交互に重ねていきます。

「1、2、3、4…」

しかし、固定しなければならない握りこぶしが段々下がっていくので、いつまでたっても同じ位置に留まり、なかなか上まで行きません。まるでコントです。子どもたちは笑いながら、

「それじゃあ永久に数えられないよ」

「先生、わざとやっているでしょ」

などと言います。

「先生はちょっと極端かもしれないけれど、笑えない人もいるんじゃないかな。みんなより握りこぶしの数が多い人は、先生のように手が下がっているはずだよ」

と言うと、自分の間違いに気付き、はっとした表情をする子どももいます。

6. 星の動きはレーザーポインターで

月、太陽、星の動きは全て同じで、東から西に動きます。ところが、この中で子どもたちが混乱する動きが1つあります。それは「北の空の星の動き」です。月、太陽、南の空の星は、東から西に時計回りに動きます。しかし、北の空の星の動きは、反時計回りなの

です。全天の動きを考えたら当然のことなのですが、南の空と北の空を切り離して考えると、全く逆になるので、子どもたちは混乱するのです。それを避ける方法があります。動きを説明する時に、レーザーポインターを使用することです。

まず、子どもたちに教室の南の方角を向かせます。ほとんどの学校の南側は窓になっています。

「太陽は、東から西に動きます。これは時計の回り方と同じなので、時計回りと言います」

と言いながら、レーザーポインターを太陽に見立て、窓の周りの壁の上を東から西に弧を描いてみせます。

「月も、東から西に動きます」

そう言って、今度はレーザーポインターを月に見立て、さっきより中央寄りの壁から天井をかすめて東から西に動かします。さらに、

「星も、東から西に動きます」

と言って、レーザーポインターを星に見立て、教室の中央の壁から天井を通って東から西に動かします。

今度は、子どもたちを反対の北の方角に向かって座らせます。

「星は全天にあるから、この辺りの星は、このように東から西に動きます」

と言って、レーザーポインターを教室内の北よりの壁の上を東から西に動かします。これを何回か行い、少しずつ北の極に近付けていきます。最後に、教室の北の壁面にある何かを北極星に見立て、何度かその周りをゆっくりと回し、北の星座の動きを見せます。そして、こう説明します。

「北の空は北極星を中心に回っているから、このような回り方をします。北の空も東から西に動いているのですが、その動きは南と反対に見えます。時計と反対の回り方なので、『反時計回り』と言います」

子どもたちが納得していないようなら、

「復習します」

と言って、もう一度同じことを繰り返すと効果的です。

この時は、教室の南から中央、北の壁面まで、レーザーポインターで一連の動きにして見せるのが重要です。動き

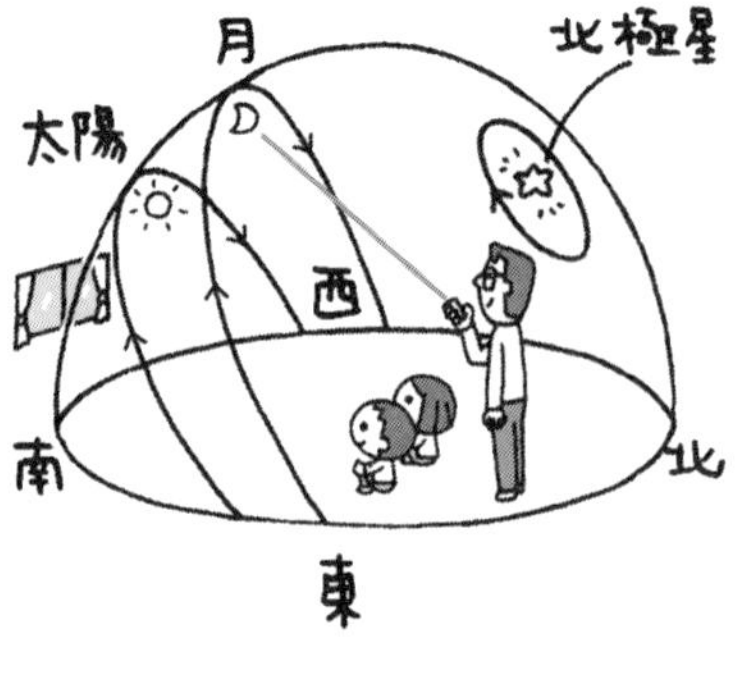

は基本的に同じということを見せるのです。

このような説明をしていたら、星座のテストの時に、鉛筆を教室の天井に向けて、レーザーポインターの動きをなぞっている子どもがいました。

7．真空保存容器で膨らむマシュマロ

「空気と水の性質」の学習では、注射器（空気鉄砲）の中に小さなスポンジを入れてピストンを押し、空気の圧力でスポンジが縮むことを確かめるという実験があります。この実験の前、子どもたちにこう問いかけます。

「注射器の中に、小さなスポンジを入れてピストンを押すと、スポンジはどうなるでしょう？」

選択肢を3つ用意します。

1．そのまま、変わらない
2．ぺちゃんこになる
3．全体的に小さくなる

2と答える子どもが多いため、実験をすると驚きます。この学習をした後、または、単元の学習の最後に、全く反対の実験をすると効果的です。身近にあるもので簡単にできるので、紹介しましょう。

調理用の真空保存容器があります。中の空気を薄くして、食品の長期保存を図ることができるプラスチック容器です。蓋には、空気が入らないようにするための弁が付いていくます。ここに小さなポンプを付けて、空気を抜くのです。

この真空保存容器を2つ用意します。できれば同じものがよいですが、なければ1つはよく似た形、大きさで真空保存容器でないものでも構いません。中にマシュマロを入れて、片方の真空保存容器は空気を抜いておきます。たったこれだけです。空気を抜くと、マシュマロはどんどん大きくなります。この2つの容器を教室に持ち込んで、子どもたちに見せます。

「ここに、マシュマロが入った容器が2つあります」

子どもたちは、

「片方は大きいね」

などと言います。

「食べられるのなら、どちらが欲しいですか?」

と問いかけると、

「そんなの大きい方に決まっているよ!」

と元気よく答える子がいます。

「大きい方だね。よし、開けてみよう」

空気を抜いてある容器は、蓋がなかなか開きません。

「う〜ん、固いな」

と言いながらこじ開けると、「プシュー」と音がして、空気が入っていきます。空気が入れば入るほど、マシュマロは元の大きさに戻っていきます。この時、子どもたちによく見えるように、空気を入れていきましょう。

「あれ〜!?」

子どもたちは、みるみる小さくなるマシュマロに驚いています。しまいには普通の大きさに戻ってしまいました。もう一つの保存容器の蓋も開けて、2つのマシュマロを見比べます。

「なんだ! 同じ大きさか」

子どもたちは拍子抜けした様子です。

「どうしてマシュマロは小さくなったのかな?」

と問いかけると、様々な答えが出てきます。中には、真空保存容器が家にあり、

「空気が抜いてあったから、マシュマロが膨らんでいた」

と正解を答えられる子もいますが、本当に仕組みが分かっているかどうかは疑問です。

子どもたちがいろいろと意見を発表し合った後、

「では、再現してみましょう」

と言って、ポンプを付けて空気を抜いていきます。すると、マシュマロがどんどん大きくなっていきます。ここで、

「この実験は覚えていますか?」

と言って、注射器（空気鉄砲）とスポンジの実験を再び見せます。この段階で理解した子どもがいれば、みんなの前で説明させましょう。分からなければ、最後に教師が説明します。

「空気を押し縮めると、空気全体が小さくなるので、中にあるスポンジも小さくなります。逆に、空気を抜くと、空気全体が広がるので、中に入っているマシュマロが大きくな

るのです」

そして、空気鉄砲の中にスポンジを入れてピストンを引きます。子どもたちは、スポンジが大きくなる様子を見て、空気の仕組みに納得するのです。

8. 空気は意外に膨らまない

「金属、水、空気と温度」の学習では、ケチャップやマヨネーズの容器をへこませて蓋を閉め、熱いお湯をかけるという実験があります。容器が膨らむことから、「空気は温めると体積が大きくなる」ことが分かります。しかし、この実験をするにあたって、注意しなければならないことがあります。

空気は思っているほど、大きく膨らまないのです。したがって、容器をへこませすぎると期待外れの結果となります。子どもたちががっかりして、教師が慌てるという残念な事態を引き起こしてしまうのです。

ちょっと復習してみましょう。気体には「シャルルの法則」が存在します。「高校の化学で習った気が…」とか、「その名前を聞くだけで頭が痛くなる」なんて方もいるかもし

れません。例えば、10℃の空気を60℃まで温めると
333K（60℃）÷283K（10℃）≒1．18倍　※K（絶対温度）＝℃＋273
つまり、2割も増えないのです。この実験では、容器を少しへこませるのがコツです。
すると、お湯をかけたらパンパンに膨らむので、子どもたちも驚きの声を上げます。
ただし、容器の中が濡れていると、話は別です。この場合は、液体の水が気体の水蒸気に変化しているからです。これには「アボガドロの法則」が適用されます。また、頭の痛い話ですが、気体1モルの体積は22．4Lです。水1モルは18gですから、容器の中に、0.1gの水が付いていても、22．4÷18×0.1≒0．12L　120mLほどになります。中が濡れているとパンパンに膨らみますが、これは液体が気体に変化したためで、厳密には空気の膨張とは言えないのです。

9．金属の熱さを音で実感

「金属、水、空気と温度」では、金属を熱する実験をしますが、ほとんどの教科書では、金属が温まると体積が大きくなることを確認するために、金属の玉と輪の付いた「金属膨

張実験装置」を使用します。その際、子どもたちが火傷をしないか注意しなければなりません。そこで、一見分からない金属の熱さを音で実感してみましょう。

金属の玉が十分熱くなった時に、水に浸けて、「ジュー」という音を聞かせるのです。

「この金属の玉は、一見熱いかどうか分かりませんが、今聞いたように大変熱くなっています。取り扱いには、十分気を付けるようにしましょう」

その後の子どもたちは、慎重に行動するようになります。

また、ミニコンロ、ガスバーナーを使用する時に注意することは、炎が見えにくいことです。担任した子どもの中には、長い髪の毛が炎の上にかかり焦がしてしまった子がいました。その話を聞かせたり、実際に炎の上に紙をかざして燃えるところを見せたりすることもあります。もちろんこの演示をする時には、教師自身も安全管理に十分気を付けましょう。

10. 新品の銅板なら、ロウを塗らなくてもＯＫ

金属の温まり方を調べる時には、アルミ板か銅板にロウを塗り、ロウがとけることにより熱が伝わったことを確認するという実験があります。もし、理科準備室に新品の銅板があったら、それはチャンスです。

「君たちはラッキーだな。今日は、とてもきれいな模様が見えるよ」

と言って、子どもたちに期待をもたせます。

新品の銅板を使う場合、ロウを塗る必要はありません。スタンドに固定して一方を熱していくと、まるで虹のように熱が広がっていくのです。子どもたちは

「わー！　きれい！」と見入っています。

「これは1回きりだから、見られたのは君たちだけです」

と言うと、子どもたちは得したような気分になって、満足そうな表情を浮かべるのです。

コラム

2

水を温めたら水面が下がる⁉

4年「金属、水、空気と温度」では、「水を温めると体積が大きくなる」ことを学習します。これには、水を入れた試験管やフラスコにガラス管の付いたゴム栓を差し、お湯で温めるという実験が多いでしょう。ガラス管の中の水面が上がることで水の膨張が分かります。少し昔になりますが、この実験をした時のことです。

子どもたちに結果を予想させた後、

「さあ、ガラス管の水面をよく見ているんだよ」

と言って、実験が始まりました。すると、ある女の子が「あっ！　下がった」と言ったのです。私は「えっ、下がった？」と疑問に思いましたが、すぐに他の子どもたちの「上がった」「上がった」という声にかき消されてしまいました。その日の授業は「水も温めると体積が大きくなる」とまとめ、無事に終わったのですが、その女の子の「下がった」という言葉が気になり、放課後1人で何度も何度もこの実験を繰り返しました。そして、発見しました。フラスコをお湯に浸ける瞬間、ほんの少しですが、水面は下がるのです。

どうして水面は下がるのでしょうか？　フラスコをお湯に浸けると、まずフラスコがお湯で温められ膨張します。フラスコの体積が大きくなるため、一瞬だけ水面が下がります。しかし、すぐに熱がフラスコから水に伝わるので、水の体積が大きくなり、水面を押し上げるのです。

その後、4年生を担任して、この実験を何回かしましたが、「一瞬水面が下がる」のを見つけられた子どもは、あと1人だけでした。研究授業でたくさんの先生が見ていたためか、その子は気付いても大きな声を上げられなかったようでした。参観していた先生が、「あの子は、一瞬『下がった』と言ったけど、他の子どもが『上がった』と言うのを聞いて、間違えたと思ったのか、すぐに引っ込めてしまった」と教えてくださいました。

「子どもに教えられる」とはこのことだなと実感した出来事です。

第5学年

1. ヨウ素液はパンかご飯で試して微調整

「植物の発芽、成長、結実」の学習では、でんぷんの有無を調べるために、薄めたヨウ素液を使います。「ヨウ素液は何倍に薄めたらよいのですか？」とよく聞かれるのですが、これはなかなか答えづらい質問です。ヨウ素液は光によって分解されていくため、使っていくうちに薄くなってしまうのです。そのため、全くの新品でない限り、何倍とは断言できないのです。

理科室にあったヨウ素液を使ったら、うまくいかずに困ったという経験はありませんか。「う〜ん、でもテストでは青紫色と書いてね」などとは言いたくないものです。デンプンにヨウ素液をかけた時、液が薄いと青色に、濃いと真っ黒になってしまいます。

では、青紫色になるようにするためには、どうすればよいのでしょうか？　私は、授業の前日には薄めておきます。その時、給食のパンかご飯を少し残しておくのがコツです。

そのパンかご飯にヨウ素液を少しずつかけてみて、ちょうどよい濃さに調整しておくのです。

2. 意外なものにもでんぷんは存在する

子どもたちは、でんぷんが青紫色に変化する実験が大好きです。この実験をする際には、「でんぷんがあるかどうか調べてみたいものを持ってきましょう」と呼びかけます。すると子どもたちは、あれもこれもと身の回りのいろいろなものを持ってきます。実験のついでに、あらゆるものにヨウ素液をかけてみましょう。

色の変化が分かりやすいように、初めに白い紙を配って、その上に調べたいものを並べます。そして、順番にヨウ素液をかけていくだけです。

時には、思わぬものに反応します。例えば、ハム。ところどころ青紫色に変化します。子どもたちは驚いた様子で、

「先生、ハムは肉なのに、どうして反応するのですか？」

と聞いてきます。ハムは、肉のつなぎとしてでんぷんを含んでいるのです。少しでも青紫

に染まるところがあったら、それはでんぷんがある証拠です。バナナも、ところどころに小さな青い点が見えます。これもでんぷんです。

「あっ、これにもでんぷんがある！」

いろいろなものにヨウ素液をかけながら、子どもたちは発見を楽しんでいます。最後に、面白いことに気付いた子どもがいました。

「先生、下の紙も色が変わっている！」

そうです。紙を漉《す》く時に入れる、つなぎの糊《のり》に反応しているのです。

3. 顕微鏡の使い方はアルゴリズム

「植物の発芽、成長、結実」の学習では、顕微鏡を使って花粉を観察します。顕微鏡の使い方は、以下の通りです。
①光が入るように反射鏡を調節する。
②横から見て、対物レンズがスライドグラスに接するくらいまで、ステージを上げる（鏡筒を下げる）。

③ステージを下げ（鏡筒を上げ）ながら、ピントを合わせる。

現在、学校用の顕微鏡のほとんどは、鏡筒が固定されていて、ステージを上げ下げしてピントを合わせるタイプです。古い顕微鏡の中には、鏡筒を上げ下げしてピントを合わせるタイプもあります。

この手順を子どもたちに一つ一つ説明するのですが、なかなかすぐには覚えられません。私は、これらを端的な言葉で表現して、アルゴリズムを作るようにしています。

①「『**光**』光が入るように反射鏡を調節するんだよ」

この時、顕微鏡を覗きながら、手で反射鏡を調節する動作を見せます。

②「『**横**』横から見て、対物レンズがスライドグラスに接するくらいまで近付けるんだよ」

この時、顕微鏡を横から覗く動作を見せます。

③「『**下げる**』ステージを下げて、ピントを合わせるんだよ」

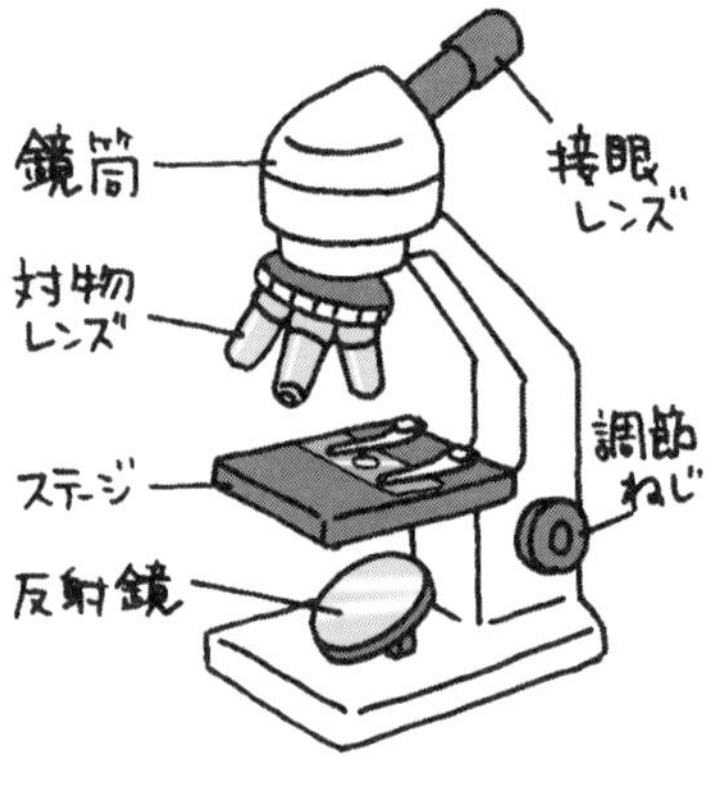

この時、上から顕微鏡を覗くふりをしながら、指はつまみを回してステージを下げる動作をします。

端的な言葉を強く発しながら、動作をはっきりと見せることが大事です。さらに、「光↓横↓下げる」と動作を交えながら繰り返します。言葉と動作を連動させて、子どもたちに印象付けるのです。

この時大切なのは、③のステージを下げる動作です。この時、対物レンズはスライドグラスぎりぎりに近付いていますから、間違えてステージを上げてしまうと、対物レンズに当たってスライドグラスが割れてしまいます。②とは逆方向に調節ねじを回すことを動作で覚えるようにしましょう。

また、時には、わざと間違えてステージを上げ、スライドグラスを割ってみせることもあります。粉々になったスライドグラスを見せながら、子どもたちに言います。

「こうやって割ってしまったら、必ず先生に言うこと。危険なので、自分で片付けようとしてはいけません」

スライドグラスが割れたことがよほど印象に残っていたのか、顕微鏡を覗きながらも、時々横から鏡筒とスライドグラスの距離を確認するような子どもの姿も見られます。

4. 流れる水の働きはペットボトルで観察

「流れる水の働きと土地の変化」の学習と言えば、運動場に作った砂山に、カーブした溝を掘り、水を流して流れの外側の削られ具合を確かめるという実験が一般的です。また、川の上流と下流によって、川原の石の大きさや形に違いがあることも学習します。上流の石は角がありごつごつしていて、下流の石は途中で削られるので丸みを帯びているという違いです。子どもたちは、「本当かな？」と疑うかもしれませんが、自然の中で起きることなので、そう簡単には確認できません。ところが、簡単に確かめる方法があるのです。

500mLのペットボトルを1つ用意します。底から約1/4まで小石を入れて、8割ほど水を入れます。これで完成！　あとは、サラダドレッシングみたいに振るだけです。ただし、朝、休み時間、昼、休み時間、放課後と、時間を見つけてはシャカシャカと振ります。振ることが川の中で石が転がっていく様子を表しているのです。教室の隅に置いておいて、「誰でもいいから、振りましょう」と呼びかけると、子どもたちは喜んで振ります。中には「洪水だ～」と言いながら思いきり振る子どももいます。

1週間ほど振り続けると、あら不思議。下の方に砂が溜まっています。さすがに石が丸くなるまでは難しいですが、川を流れていく間に石が削られていくことは証明されるのです。

5．三角州はグーグルでチェック

「流れる水の働きと土地の変化」では、三角州や扇状地のような規模の大きなものも学習します。この時、実際にその土地を見てみると感動が違います。より実感を伴って、土地の変化の仕組みを理解することができるでしょう。

実際に見ると言っても、ヘリコプターやドローンを使うわけにはいきません。そこで、グーグルで見てみます。グーグルで場所を検索し、まずは地図で見ます。それから航空写真に切り替えると、谷の出口から平地に広がる扇状地や河口付近に広がる三角州が、場所によってはきれいに見えます。

ただし、土地の開発が進んで形が分かりにくくなっているところもあるので、教師が事前に調べておく必要があるでしょう。

6．振り子の振れ幅は、できるだけ小さく

「振り子の運動」は、実験の手順や意義を学習するための単元だと思います。実験自体も難しい作業はないので、子どもたちは楽しんで取り組むでしょう。しかし、気を付けなければならないことがあります。それは、「振り子の等時性（振れ幅やおもりの重さが変わっても周期に変化はない）」の原理は、振れ幅が小さい時に成立するということです。教科書の設定では周期にさほど差は出ませんが、子どもたちが発展学習として大きな振れ幅を設定すると、差が出てくる場合があります。ましてや、糸がしなって曲がるほどの振り方では、周期に差が出てきます。その点は気を付けなければなりません。

また、ストップウォッチの使い方にも注意が必要です。ストップウォッチは、$\frac{1}{100}$まで計測できます。しかし、これが難物なのです。細かく測りすぎるのです。子どもたちにとっては、16．21秒と16．25秒は大きな違いだと感じられるはずです。ところが、これは振り子の変化よりも、ストップウォッチの押し方の違いなどの影響が大きいのです。つまり誤差範囲と言えるわけですが、子どもたちにはそんなことは分かりません。そこで、振り子の学習でストップウォッチを使う時は、次のように説明します。

まず振り子を振って、教師とAさんが同時に測ります。しかし、同じ秒数にはなりません。そこで、

「同じものを測ったのに、どうして秒数が違うのでしょうか」

と子どもたちに聞きます。子どもたちは

「先生はお腹でおさえていたけど、Aさんは手で持っていたから手元が震えたのかもしれない」

「Aさんはストップウォッチを振っていたから、押すのが遅れたんじゃない？」

「先生は慣れているから正確だと思う」

など、色々なことを発表します。

「このように、人によって押すタイミングが微妙に違います。今のストップウォッチは正確なので、タイミングの違いまで測ってしまうのです。オリンピックの100m走なら、もちろん正確な測定が必要です。でも、みんながこれから行う実験は、そこまでの正確さは必要ないのです。」

このように説明すると、子どもたちは納得します。

そして、記録の処理については、次のいずれかの方法をとります。

1. $\frac{1}{100}$の位は、四捨五入する。

2. ストップウォッチの$\frac{1}{100}$の位の表示窓の上にテープを貼って見えなくする。

7. とても高価な電子てんびん

「物の溶け方」では、電子てんびんを使って重さを量ります。この時に、子どもたちの興味が授業以外に向かってしまうことがあります。それは、てんびんに鉛筆や消しゴムを載せて重さを量ろうとすることです。不思議なことに、1人が始めると伝染病のように子どもたちに広がっていくのです。授業の妨げになるので、教師が見つけたら注意しなければなりません。授業の流れや思考が中断してしまいます。

3年「物と重さ」でもてんびんを使いますが、3年生の場合は事前に注意をするだけでも効果はあるでしょう。しかし、5年生になるとそうはいきません。教師の視線の隙間を見つけて、授業に関係のない行為をする子どもがいます。そんな子どもたちにも効果絶大な方法があります。

「このてんびんは、非常に精密にできています。授業中に鉛筆や消しゴムなどの関係ないものを測ったり、ましてやノートや教科書などの重いものを載せたりすると壊れてしまうことが十分に考えられます。修理には、非常に高いお金がかかります。今、皆さんの目の前にあるてんびんは、先生が事前に点検したので、壊れていません。実験が終わって、集める時に再度確認します。もしその時に調子が悪かったら、その班の使い方が悪かったということになるので、後でじっくり話を聞かせてもらいます」

こんな風に、釘を刺しておくのです。すると、電子てんびんで遊ぶような行為はぐんと減ります。

コラム

3 牛乳で捉える水の動き

5年「物の溶け方」の学習では、食塩を水に溶かして、どのくらいの量が溶けるのか調べる実験をします。新しい学習指導要領では、「水溶液の中では、溶けている物が均一に広がることにも触れること」と示され、これまで中学校1年で扱っていた水溶液の均一性が小学校5年に移行されたことに注目したいところです。

ビーカーの水に食塩を入れて、一晩放置しておくと、溶けて見えなくなります。かき混ぜていないのに、どうして均一に広がっていくのでしょうか。そのメカニズムの一部を、子どもたちに見せることができます。準備するものは以下の通りです。

顕微鏡　スライドグラス　カバーグラス　牛乳

スライドグラスの上にカバーグラスを置いて、隙間に牛乳を垂らして染み込ませ、それを顕微鏡で見るだけです。顕微鏡で見ると、丸い粒がジグザグに動いていくのが見えます。この丸い粒は牛乳の脂肪です。水の分子がぶつかっていくので、牛乳の脂肪がジグザグに動くのです。これをブラウン運動と言います。

ビーカーの水はまったく動いていないように見えますが、水の分子は絶えず動いているのです。そして、砂糖や食塩の水溶液の場合にも、水の分子が絶えずぶつかっていくので、溶けているものは均一に広がっていくというわけです。

しかし、この観察には、いくつか欠点があります。

・かなり高倍率でないと見られないので、児童用の顕微鏡では難しいこと

・ピント調整が難しいこと

・見慣れていないと、どれがブラウン運動か分かりにくいこと

・顕微鏡1台で一人しか見えないこと

インターネットでは、ブラウン運動の動画がたくさん上げられているので、それらを利用すると手軽に取り入れられます。また、一度にたくさんの子どもたちに見せることができます。状況を説明してから、子どもたちに見せるようにするとよいでしょう。

分子という概念は中学校から登場するため、小学校の段階では子どもたちに説明する必要はありません。この観察は発展的な内容なので、子どもたちの状況に応じて取り入れるかどうか判断するとよいでしょう。

コラム

4 エナメル線を磨くと電気がよく通る？

５年「**電流がつくる磁力**」では、電磁石の強さは、電流の大きさやエナメル線の巻数によって変わることを学習します。「電磁石をもっと強くしよう」という課題に取り組んでいた時、ある子どもが、

「先生、紙やすりをもっとください」

と言いに来ました。

「足りないの？」

と聞くと、

「はい」

と答えるので、残っていた紙やすりをあげました。しばらくして、その子の前を通りかかったら、せっかく巻き上げたエナメル線を全部ほどいて、紙やすりでエナメル線全体を一生懸命磨いていました。私は一瞬驚きましたが、どうしてそんなことをしているのか聞いてみました。

「だって、先生、エナメル線は端をきれいに磨くと電気の通りがよくなったから、全部磨くともっとよくなると思ったんだもん」

やめさせようかどうか迷いましたが、経験したら納得するだろうと思い、やりたいようにやらせておきました。その子は、エナメル線を磨き終えると、また元通り鉄心に２００回巻いて電磁石を作り上げました。

そして、いよいよ乾電池につないで電気を通す時です。

「あれっ？　あれっ？」

その子は、「あれっ？」を連発しています。

「くっつかないの？」

と聞くと、

「うん、全然」

と答えます。そこで、次のことを説明しました。

・エナメルを剥ぐと、電気の通りがよくなるのは事実であること。
・しかし、エナメルは同時に電気が他に流れていくのを止める役割もあること。
・鉄心の周りを電気が何回もぐるぐる回るから、電磁石が強くなること。

・エナメルを剝いでしまったため、隣の電線にもすぐに電気が流れていってしまうこと。
・つまり、電気はすぐにプラスからマイナスに流れていって、1回も巻いていないのと同じであること。

子どもは、その説明を聞いて、

「じゃあ、先生、どうして教えてくれなかったの？」

と、少し不満そうに言いました。

「うん。先生も迷ったけど、その時に説明しても納得しなかっただろう？　やってみて初めて分かるんだ。君は貴重な経験をしたね。他の誰もが考えなかった素晴らしいことだよ」

と誉めました。

また、

「先生、300回巻きにしたいので、エナメル線をください」

と言ってきた子どももいました。この電磁石は200回巻きに比べて、思ったほど磁力が上がりませんでした。それは、線が長くなれば長くなるほどエナメル線の内部抵抗が増えて電気の通りが悪くなるからです。小学生にどう説明しようか迷うところです。

「君が運動場を10周したとする。次に20周したとする。さて、どちらが疲れる？」

「もちろん20周した方だよ」

「それと同じで、あまり長すぎても電気が疲れてしまって、力が出ないんだよ」

第6学年

1. 二酸化炭素の中でも燃える花火

「燃焼の仕組み」では、物が燃えるのには酸素が必要であることを学習します。子どもたちは、「酸素の中でないと物が燃えない」と思い込みがちです。そこで、この単元の終わりに行うと、効果的な演示実験があります。準備するものは以下の通りです。

集気瓶　ガラス板　花火　チャッカマン　ろうそく　ろうそく立て

集気瓶に二酸化炭素を入れて、ガラス板でふたをしておきます。

「ここに二酸化炭素があります」

と言って、火のついたろうそくを中に入れ、火が消えるのを確認します。次に、こう問いかけます。

「火のついた花火を二酸化炭素の中に入れたら、火は消えるでしょうか?」

「二酸化炭素の中だから消える」

と答える子もいれば、

「先生がそう聞くくらいだから、消えないんじゃない？」

などと、勘の鋭い子どももいます。しかし、

「消えると思う人？　消えないと思う人？」

と聞くと、消えると答える子の方が圧倒的に多いです。ここでは、あまり理由は聞きません。

「さあ、やってみるよ」

そう言って、火のついた花火を二酸化炭素の中に入れます。さて、どうなるでしょうか？　火は消えません。

「あれ～？」

火がついたままの花火を見て、子どもたちは驚きます。ここで、改めて問いかけます。

「火が燃えるのには、何が必要でしたか？」

「酸素」

「そうです、酸素ですね。二酸化炭素の中には酸素はありません。では、この花火はどうして燃えたのでしょうか？」

子どもたちは、「酸素があると物が燃える」と学習したばかりですから、大いに混乱します。ここで、種明かしです。

「実は、花火の中には、火薬の他に酸化剤という薬品が入っています。これは、火がつくと酸素を発生させるのです。つまり、花火は空気中の酸素を使うだけではなく、自分が出している酸素を使って燃え続けていたのです」

さらに、こんなことも付け加えます。

「ロケットもそうですよ。宇宙空間には、酸素どころか空気もありません。ロケットが宇宙空間に出ていって、火が消えたら困るでしょう？」

「本当だ！　ヒューと落ちてくるよ」

「だから、ロケットの燃料にも酸素が入っているのです」

同じ理屈で、水中でも花火は消えません。しかし、花火の種類によって防水性に差があるため、火がついたままのものと、水がしみこんで消えてしまうものがあります。

2. 運動しても体温はあまり上がらない

「人の体のつくりと働き」では、血液の働きについても学習します。ここでは、子どもたちに次のような質問を出します。

「運動した後の心拍数と体温の変化を予想しましょう」

すると、ほとんどの子どもたちは、心拍数は上がり、体温も上がると予想します。

「運動した後は、心臓がドキドキした」

「汗をかいた時は、とても暑かった」

「体が熱くなったのを感じた」

このような理由を挙げるでしょう。実際に行ってみます。運動する前に心拍数と体温を測り、十分汗をかいた運動後に再び測ります。この場合、体温は脇の下で測ります。すると、心拍数は上がっていますが、体温はほとんど変わっていないことが分かります。

なぜなら、運動すると体の中の温度は上がりますが、汗が出て体の表面はすぐに冷やされるからです。

「もし運動で体温が39℃や40℃に上がったら、みんな気分が悪くなって倒れてしまうよ」

と言うと、子どもたちは笑いながらも「たしかにその通りだ」と納得します。簡単な実験で、人間の体の仕組みが非常によくできていることを実感できるのです。

3. 気体検知管は全員で練習

「生物と環境」の学習では、植物が二酸化炭素を取り入れて酸素を出していることを調べる実験があります。気体検知管は非常に便利な器具ですが、使用にあたって気を付けなければならない点があります。子どもたちが初めて使用する器具については、使用方法や留意点を十分に説明しますが、それでも時には、子どもの思わぬ行動に驚くことがあります。そのような例を一つ紹介します。

この実験では、ビニル袋の中に植物を入れ、しばらく経った後の気体濃度を測ります。子どもたちに気体検知管の使い方を説明した後、代表の子どもに気体の濃度を測らせました。その子はガラス製の検知管の両端をきれいに折ることができました。そして、気体採取器にうまく検知管をはめました。ビニル袋に検知管を突き刺して、気体採取器のハンドルを引きかけた時、「あっ」と言って、ハンドルから手を離したのです。私は慌てて「手を離しちゃだめだ。しっかり引きなさい」と言いました。その場は、何とか計測できましたが、後で、どうしてハンドルを持つ手を離したのか聞きました。すると、「思ったよりもハンドルが重かったので、何か詰まっているのかと思って、つい手を離してしまった」と答えたのです。

確かに、検知管の小さな穴から空気を吸い込むのですから、力が必要です。また、そのままハンドルを回して、戻らないようにロックしなければなりません。

この実験はできれば全員にさせたいのですが、検知管が高いため、全員分用意するのは無理です。二酸化炭素の検知管は班の数だけ用意できても、酸素の検知管は非常に高額なので、せいぜいクラスに1つしか用意できません。そのため、教師がやってみせるか、理科係など代表の子どもに実験させることになります。

これ以降、私は古い検知管をとっておくようにしました。そして、この学習の時には、古い検知管を使用して全員が練習をするのです。検知管の両端を折るのは、残念ながら真似をするだけですが、気体採取器に古い検知管をはめて実際に体験させるようにします。

すると、子どもたちの中から
「わっ、引っ張られる！」とか
「おもーい」
などの声が聞こえます。その後、「本来ならみんなに実験してもらうとよいのですが、気体検知管は高価なので、代表の人に実験してもらいましょう」と伝えます。

私は、かねがね子どもたちは大変だなと思っています。なぜなら、初めての実験で、初めて使う器具で、結果をきちんと出さなければならないからです。この気体検知管のほかにも、アルコールランプやミニコンロなどを初めて使う時には、「練習」と称して、全員に器具の操作をさせるようにします。

また、最近では気体検知管のほかに、気体センサーなどの測定器具も販売されていますが、子どもたちが操作しやすい器具の開発が進んでいるのは望ましいことです。いずれにせよ、教師自身が操作方法をきちんと把握し、子どもたちが正しく使えるように配慮することが大切です。失敗を防ぐことができれば、結果的に効率アップにつながるのです。

4. 水中生物の観察には脱脂綿

ミジンコなどの水中生物を捕まえて、顕微鏡で観察するという活動があります。小さな生物の観察は5年「動物の誕生」で扱われてきましたが、新しい学習指導要領では6年「生物と環境」に移行され、そこから生物の食う食われるという関係を考察するという流れが示されています。

この観察では、水中生物がたくさんいそうな池の水を採取して、スライドグラスに乗せます。しかし、顕微鏡を覗いてもなかなか見つかりません。もちろん採取した水の中に水中生物がいなければ話になりませんが、そうでない場合があります。水中生物の動きがあまりにも速く、顕微鏡の狭い視野を駆け抜けてしまうのです。その対策として、よい方法があります。スライドグラスの水の中に、脱脂綿の繊維を少しちぎって入れるのです。すると、動き回っていた水中生物の体が繊維に引っかかって止まります。しかし、足などは動いていますから、活動している様子はよく分かるのです。

5．アルカリ性でない「アルカリイオン」飲料

「水溶液の性質」では、酸性・アルカリ性・中性の水溶液があることを学習します。この時、身の回りの水溶液の成分調べをすることがあります。「酸性かアルカリ性か調べたいものがあったら持ってきましょう」と呼びかけると、子どもたちは家からいろいろなものを持ってきます。準備は子どもたち自身がやってくれるので、教師は手間がかかりません。リトマス紙で調べるだけの簡単な実験です。

いざ成分調べを始めると、身の回りの水溶液のほとんどは酸性であることが分かります。しかし、中には、思わぬ発見があるのです。

「先生、アルカリ飲料とみんなが言っているのに、アルカリ性じゃない。どうして？」

その答えは、その飲料の販売メーカーのホームページにも掲載されていました。ただ、あまりにもこういう問い合わせが多かったためか、現在は「イオンサプライ」という表現に変更されています。

6. 手回し発電機を回す速さは一定に

「電気の利用」の学習では、手回し発電機を使ってコンデンサに電気を蓄えます。この時に、手回し発電機を回す回数は実験条件に示されていますが、回す速さについては触られていないことがあります。しかし、これも大切な要素です。回す速さがあまりにも遅すぎたり、実験ごとに異なる速さだったりすると、正しい実験結果が出ません。簡単に言うと「いつも一定に回すこと」、できれば1秒間に1回から3回がよいと言われています。ただし、1秒間に3回以上は速すぎるという調査もあります。※

子どもたちに指示する時には、「1秒間に1回から3回くらいの同じ速さで回しましょう」と言うだけでなく、実際に教師が「1、2」と数えながらやって見せると、回す速さがよく分かります。

また、この手回し発電機の故障のほとんどは、取っ手が外れてしまうことです。プラスチック製であまり頑丈にはできていません。急に力を加えたり、取っ手を強く引っぱったりすることのないように、取り扱いに注意させましょう。

※佐伯英人・森脇勇太「蓄電したコンデンサに発光ダイオードと豆電球を接続して点灯時間を比較する実験」日本理科教育学会編『理科教育学研究』Vol.52 No.3 2012.3

7. 光電池の遮り方には要注意

新しい学習指導要領では、光電池の取り扱いが4年から6年に移行されました。「電気の利用」では、電気をつくり出したり蓄えたりする活動として、光電池でつくった電気をコンデンサに蓄えるという活動が考えられます。

光電池に当たる光を遮って、発電量が減ることを調べるという実験では、遮り方によって全く違う結果が出るので要注意です。「光電池を半分遮る」場合、「左右に半分ずつ遮る」方法と、「上下に半分ずつ遮る」方法があります。遮るものをぴたりと押しつけて、光

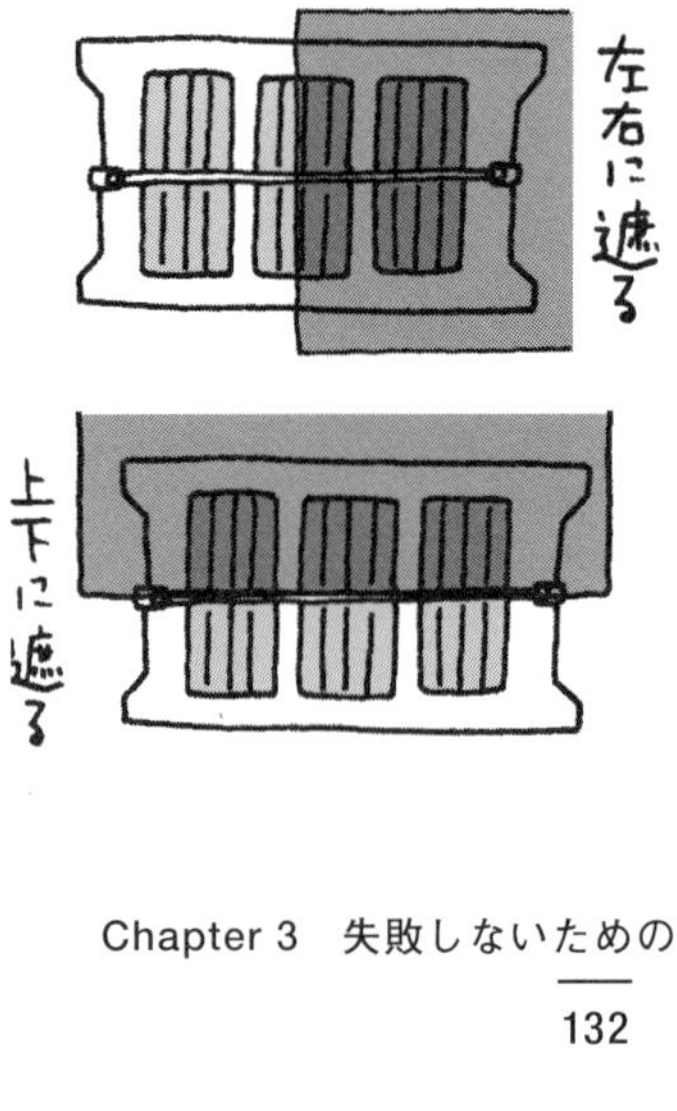

が入る隙間が全くないようにした場合、「上下に半分ずつ遮る」方法では、発電量が落ちて弱い電流が流れますが、「左右に半分ずつ遮る」方法では、電気は全然流れません。遮るものを少し浮かした場合は、「左右に半分ずつ遮る」方法でも少し電気が流れるので、ややこしくなります。

小学校の実験で扱う光電池には、1つの光電池に3つから4つのセル（光電池の基本単位）が入っています。1つのセルでは発電量が小さいので、3つから4つつなげて、モーターを回したり、豆電球をつけたりする電気量を補っているのです。「上下に半分ずつ遮る」場合は、どのセルにも光が当たっているので、少しずつでも発電していきますが、「左右に半分ずつ遮る」場合は、1つのセルが全く発電せず、むしろ抵抗になって電気が流れないのです。

子どもたちにうまく説明するのは難しいですが、混乱を避けたいのであれば

「遮るものはぴたっと貼り付けずに少し浮かせましょう」

と指導します。あるいは、まずは自由に実験させて、違いに気付いた子どもがいれば、

「よく見つけたね」

と発見を誉めればよいでしょう。

コラム 5 ―― どこにでもある地層

私が5年生の担任をしていた時です。ある日、数人の6年生が運動場の隅をスコップで掘っていました。休み時間も放課後も、時間があれば、黙々と運動場を掘っています。6年の担任に、子どもたちは何をしているのか聞きました。

「いやあ、地層の学習をしていた時に、『地層はどこにでもある』と言ったら、子どもたちから『じゃあ、運動場にもあるの？』と聞かれたので、それなら掘ってみようかということになったんですよ」

6年「土地のつくりと変化」の学習として、運動場の地層を見ようとしていたわけです。子どもたちは、来る日も来る日も掘り続け、ついに自分たちの背丈よりも深くまで掘ってしまいました。掘っている子どもたちの姿は見えず、穴のまわりに土だけが盛り上がっていきます。人が中に入って落ちないように、周囲には杭を打ってロープが張ってあります。しかし、危険だと判断した校長先生から、ついに「これ以上掘るのは中止！」という命令が出ました。

埋め戻す前に、6年生は全員その穴を覗いて地層の学習をしました。私も中に入って様子を見せてもらいました。その学校は、海の近くにあります。一番上には運動場の砂や土と同じ物があり、その下には、造成する時に埋めたやや大きめの石が入っていて、一番下は砂地のようでした。運動場でも、見事に地層が分かったのです。

翌年は、私が6年生の担任になりました。子どもたちは昨年の6年生の穴掘りを見ていて、中には、穴に入れてもらった子もいました。

「地層はどこにでもある」

と話すと、こう聞いてくるのです。

「先生、じゃあ、海岸にも地層はあるの？」

一瞬「えっ？」と思い、即答できなかった私は、去年の6年生の担任と同じく

「じゃあ、掘ってみようか」

と答えるのが精一杯でした。砂しかない海岸に地層があるのかないのか、私も確信がもてません。今回は運動場と違って、目が届かないところなので、時間があれば掘るというわけにはいきません。その上、砂は崩れやすいので、細心の注意が必要です。

ある日の放課後、学校からスコップを持ち出し、数名の希望者と共に海岸に向かいまし

た。海岸の上の方の砂は乾いていて、穴を掘ってもすぐに崩れてきます。しかし、掘り続けていると、下の方の砂は湿っていて、なかなか崩れてこないことが分かりました。時間の都合もあり、１ｍほど掘ってやめました。

初め、砂ばかりだから地層はできないのではないかという予想をしていましたが、それは見事に裏切られました。海岸にも地層はあるのです。当然、全て砂なのですが、その粒の大きさが異なる層で構成されているのです。細かな粒の砂の層、荒い粒の砂の層などが交互に積み重なっていて、見事に地層ができているのです。荒い粒の砂は、海が荒れた時に運ばれたと予想できました。また、砂の層には、所々黒い筋が入っています。これも、何か海が汚れた時に流れ着いたものでしょう。

前年度の担任も言っていたように、地層はどこにでもあるのです。

出ることもあります。また、観察のために外にも出かけます。このような非日常を味わえることが理科の魅力となっているのでしょう。しかしながら、子どもたちにとって、理科が非日常の楽しみにとどまることなく、生活とつながったものであってほしいと思います。
真に理科好きな子どもを育てるためにも、まず先生方が理科を好きになることを願います。理科への苦手意識を克服するために、まずは本書を参考に、効率的な授業づくりを実践してみてください。

平成30年3月　楠木　宏

【著者紹介】

楠木　宏　くすき・ひろし
三重県伊勢市立有緝小学校教諭。

前伊勢市立小俣小学校教頭。

1956年6月23日生まれ。

三重大学教育学部卒業、三重大学大学院教育学専攻科修了。

三重県公立小学校8校を経て、現職。

三重大学教育学部非常勤講師。

教育研究三重県集会　理科部会助言者。

内田洋行　教職員発明考案品　平成25年度、平成26年度　奨励賞受賞。

著書に『指示は1回―聞く力を育てるシンプルな方法―』（東洋館出版社、2016）『「追い込む」指導―主体的な子供を育てる方法―』（東洋館出版社、2017）がある。

簡単！　時短！　理科授業の効率アップ術
―観察・実験を楽々こなす方法―

2018（平成30）年4月13日　初版第1刷発行

著　　者：楠木　宏
発 行 者：錦織圭之介
発 行 所：株式会社　東洋館出版社
〒113-0021　東京都文京区本駒込5丁目16番7号
営業部　電話 03-3823-9206　FAX 03-3823-9208
編集部　電話 03-3823-9207　FAX 03-3823-9209
振　替　00180-7-96823
URL　http://www.toyokan.co.jp
装　　丁：水戸部　功
本文デザイン：吉野　綾（藤原印刷株式会社）
イラスト：赤川ちかこ（イオック）
印刷・製本：藤原印刷株式会社

ISBN978-4-491-03506-2　Printed in Japan